文春文庫

仕　事。

川村元気

文藝春秋

仕事。

まえがき

「バスケがしたいです」

『スラムダンク』71話。

グレていた三井寿が、師となる安西先生に心からバスケがしたいと告白する。

感動的なシーンだ。


ふと思う。

今、心から「仕事がしたいです」と言えるのだろうか。

金のため、もしくは立場上、なんとなく働いているのではないだろうか。


僕は仕事について考えてみた。

そして気づいた。

仕事には、二つの種類がある。

一つは、金をもらうための仕事。

もう一つは、人生を楽しくするための仕事だ。

そう。仕事は、金のためだけにあるのではない。
だからこそ、どんなに金持ちになってもスティーブ・ジョブズは働き続けた。
それはきっと彼にとっての仕事が、人生を楽しくする手段だったからだ。

人生を楽しくするための仕事。
ならば、どんなに時間や労力を費やしても、それは苦にはならない。
もっと上手く、楽しく、たくさん働きたい。そう思うようになるはずだ。
そしてその仕事は、きっと多くの人を幸せにすることができる。
世界を変えることだって、できるかもしれない。
「バスケがしたいです」と心から願った三井寿。
彼が、その後の厳しい練習を乗り越え、チームを勝利に導いていったのと同じように。

大人になってからの、ほとんどの時間。
つまり生きているほとんどの時間、僕らは仕事をしている。
だとしたら、僕は金のためではなく、人生を楽しくするために仕事をしたいと思う。
心から「仕事がしたいです」と叫びたい。

そんな仕事を僕は「仕事」ではなく「仕事。」と呼びたい。
仕事に丸をつけて肯定し、人生を楽しくするために働く。
それが「仕事。」だ。

しかしながら、そう簡単にはいかない。
今の仕事のあり方でよいのかと、不安になったり不満をもったりする。
上手くできないことだらけだし、わからないことだらけだ。
理不尽な状況や、人間関係のストレスに、いつもさらされている。
変わらなければと思うけれども、なかなか変わることも難しい。
勇気をもつことすらできない。

果たして、人生を楽しくするための「仕事。」などできるのだろうか。
どうやったら、そのきっかけをつかむことができるのだろうか。

そう思ったときに、僕にとっての〝安西先生〟を探す旅が始まった。
この世界の最前線で働いてきた先生たち。
「仕事。」で、世界を面白くしてきた巨匠たちだ。

僕は彼らに訊ねた。

僕と同じ年の頃、何を想い、何を考え、どう働いていたのか。
何に苦しんだり、何を楽しんだりして、ここまでやってきたのか。
その果てに、何を見つけたのか。

果たして彼らの言葉には、これから人生を楽しくする〝仕事の教え〟が詰まっていた。
世界を面白くする〝仕事のヒント〟に満ちあふれていた。

本書ではその言葉を、できるだけ生の状態で紹介していきたいと思う。
そして読み終わった後に、すべての働く人に感じてほしい。

「仕事。がしたいです」と。

目次

山田洋次

批判する頭のよさより
いいなぁと惚れ込む感性が大事です。

山田洋次

Yoji Yamada

1931年　大阪府豊中市生まれ。
1954年　東京大学法学部卒業。
　　　　助監督として松竹に入社。
1961年　『二階の他人』で監督デビュー。
1964年　ハナ肇主演による映画シリーズ第１弾『馬鹿まるだし』公開。
1968年　渥美清主演によるフジテレビの連続ドラマ『男はつらいよ』の原案・脚本を担当。
1969年　映画『男はつらいよ』公開、シリーズ開始。
1974年　橋本忍との共同脚本による野村芳太郎監督作『砂の器』公開。モスクワ国際映画祭審査員特別賞ほか、数々の映画賞を受賞。
1977年　高倉健主演による映画『幸福の黄色いハンカチ』公開。第1回日本アカデミー賞最優秀作品賞ほか、数々の映画賞を受賞。
1991年　三國連太郎主演による映画『息子』公開。第15回日本アカデミー賞最優秀作品賞ほか、数々の映画賞を受賞。
1993年　西田敏行ほか出演による映画『学校』公開、シリーズ開始。
1995年　映画『男はつらいよ』シリーズが48作目で終了。
2002年　藤沢周平原作の本格時代劇映画『たそがれ清兵衛』が米国アカデミー賞外国語映画部門にノミネート。
2012年　文化勲章受章。
2013年　監督生活50周年記念作品として、小津安二郎監督の『東京物語』をリメイクした『東京家族』公開。
2014年　松たか子主演による映画『小さいおうち』公開。ベルリン国際映画祭で助演の黒木華が最優秀女優賞（銀熊賞）受賞。
2015年　吉永小百合主演による映画『母と暮せば』公開。
2016年　20年ぶりの喜劇映画となる『家族はつらいよ』公開、シリーズ開始。
2018年　映画『妻よ薔薇のように 家族はつらいよIII』公開。

※上記は全仕事の一部です。

予習

1 どうやって最初のチャンスをつかみましたか？

2 黒澤明監督や小津安二郎監督から学んだこととは？

3 「真似る」ことで「学ぶ」。その極意とは？

4 他人の仕事をどういうスタンスで見ますか？

5 『男はつらいよ』の企画は、どうやって通したんですか？

6 仕事相手と喧嘩をしてもいいんですか？

7 どんな企画が最終的に大成功すると思いますか？

学ぶということは、そっくりなぞるように真似ること

川村　山田監督とはプライベートでもお付き合いをさせていただいていますが、以前に話してくださった若い頃のお話がとても面白かったので、あらためて聞かせてもらいたいんです。

山田　どんな話をしましたかね？

川村　例えば、山田監督が黒澤明監督の家に遊びに行ったら、小津安二郎監督の『東京物語』を黒澤監督が観ていて衝撃を受けたという……。

山田　あれは僕が50代になってからだったけど、生涯この光景を忘れてはいけないと思って、小津映画の映っているテレビを見つめている黒澤さんの後ろ姿を眺めていたね。30代の頃は小津作品をばかにしてたから。だって、変な映画だった。カメラは動かない、ワイプもF・I、F・O（※フェードイン、フェードアウト）もない。役者は大声で叫ばなければ大笑いもしない、「今日もいい天気だね」みたいなことばかり言ってる映画。

川村　黒澤監督の家にはよく行かれてたんですか？

山田　家がお互い成城で近かったから遊びに行ったり、お正月に黒澤さんのチームが集まるときに入れてもらったり。

川村　黒澤監督はそういうときに、どういう話をされる方でしたか？

山田　思い出話が主です。何遍も聞いた有名な話（笑）。

川村　黒澤監督の新作を観て、感想を本人に言ったりもしてたんですか？

山田　それがどうしても黒澤さんが喜びそうなことを言っちゃう（笑）。僕の脚本のうえでの先生は、それこそ黒澤さんが認めた橋本忍さんで、この人を唯一の弟子だと認めたのは日本の映画脚本の基礎をつくったともいわれる伊丹万作さんなんだけど、橋本さんは若いとき「伊丹さんは日本一の脚本家だから、彼のことは批判せずに全部鵜呑みにしようと決めた」と言っていた。師に学ぶということはそういうことかもしれないね。ある時期まではそっくりなぞるように真似る、というか。

川村　独創性が重んじられる風潮がありますが、完全に〝まねぶ〟（※真似る＋学ぶ）ことで吸収することってありますよね。

山田　一つの学ぶ姿勢だと思ったね。どんな職人の仕事でも、最初は師匠の真似をすることから始まる。小津さんの『東京物語』でも「これしかない」っていうくらい理にかなった演出が随所にあって、それは僕が撮った『東京家族』という映画でもそのまんま、美術まで真似ています。お母さんが入院して、長男がお父さんと妹を病院の廊下に呼んで「どうもよくない」って宣告するところがあるでしょ。あそこなんて『東京物語』とカット割りは同じです。それでちっともおかしくないと思いましたね。

小津や黒澤がもっていた高級な感性を今学び取る必要性

川村 ただ、『東京物語』を〝真似ている〟のに、後半にかけて、『東京家族』は完全に山田監督の映画になっていると思いました。どこからどう観ても、山田監督の映画でしかない。例えば、妻夫木《つまぶき》聡と蒼井優のキャラクターが温かく描かれていてすごくよかったんですけど、そこに小津作品よりも救いがあるというか、作家性の差が出ていると感じました。山田監督のほうがきっと人間に対して希望を抱いているのかなと か、逆に小津監督はドライな方だったのかなとか思ったり……。

山田 僕の映画にしようと思ったわけではないんですよ。ただ、どうしても出ちゃうし、あるいは出なきゃいけないんじゃないかな。あと、「小津さんはドライ」って言ったけど、要するに、小津さんは育ちがエリートなんだ。一流大学は出ていないけど東京の下町の大きな問屋のボンボンで、付き合う仲間もクラスが高くて、着てるものの趣味も高級だった。「どこそこの店のトンカツが旨い」などと言っていたけど、まだまだ食糧事情が悪い時代に何を言ってるんだって感じだったよ、貧しい若者としてはね（笑）。黒澤さんもそんなに高い肉があるのかってくらい上等なステーキを平気で平らげていたし、つまり、戦前の日本の文化人はエリート階級の人たちだった。ハイクラスの人たちの選民主義的な匂いはいやだけど、戦後の民主主義の中ですべてが安っぽくなった部分もずいぶんあって、彼らがもっていたものは学び取る必要があるように思うよ。

川村　黒澤監督が肉食だったっていうのは有名な話ですよね。

山田　民衆を描いた監督ではあったけれど、黒澤さん自身は民衆ではなかったから。一緒にタクシーに乗ったことがある人から聞いたんだけど、黒澤さんに「お前、財布は持っているか」って聞かれて「持ってます」と答えたら、小銭の入ってる財布を奪われてじゃーっとひっくり返して「間に合うな」って、全部運転手に渡しちゃったって……（笑）。

川村　ある意味、イメージどおりです（笑）。

山田　小銭をいちいち数えて渡すなんてみっともないことをしたくないわけ。そういうのはかっこ悪いんだ。
川村　映画の作風にもそのダイナミックさは出ていますね。

観客が〝鑑賞〟するのではなく〝対話〟する作品を目指す

川村　山田監督は80代になられても、小津監督という大先輩から〝まねぶ〟ことを通して、まだ勉強しようというところが本当にすごいと思いますし、恐ろしさすら感じます（笑）。
山田　小津さんなんか、僕よりうんと若くて死んだのにね。
川村　ちなみに、小津監督とお仕事されたことはあるんですか？
山田　ないです。若いときは小津さんの作品をちっともいいと思ってなかったから、助監督をやれと言われても断わったかもしれない。
川村　いいですねぇ、監督（笑）。
山田　でも、この年になって考えるんだけど、映画にしろ音楽にしろ、身体ごとのめり込んで夢中になるような、つまり冷静さとは反対の観方、聴き方があるような気がしてしょうがないんだよ。どっちが優れているということではなく、ある時代は観客が後者の観方をしていたということなんだけどね。思い出すのは、小さいときに家にいた女中さんと『路傍《ろぼう》の石』（※田坂具隆監督作品）という映画を観たときのこと。彼女がポロポロと泣いていてね。若い彼女にとって、それは明らかに鑑賞ではなく、映画との対話だったんじゃないかな。

川村　小津監督の映画には、雫が垂れていくようにポツポツと心に感情がたまっていって、ラストシーンでは満杯になっているみたいなところがありますよね。

山田　そう。小津作品がもっている不思議なリズムと漂う空気は、観客のハートにじわじわ忍び寄ってくる。渥美清さんの芝居を初めて観たときの感覚にも近くて、観客が〝寅さん〟を観ていて、彼のお芝居を観ているのに、渥美さん本人の人格にダイレクトに触れていく。そこで対話が始まっている状況というかね。だから小津さんの撮り方は、これから僕が目指したい映画じゃないか。今までの僕の態度とはちょっと違って、乱暴な言い方をすると、もっと丁寧に撮るというのかな。映画だけでなく文学でも何でも、人間をどう描くかって中で、雑駁《ざっぱく》な作品というのはたくさんのことを見落としてしまっていると思うよ。

批判する頭のよさよりも、いいなぁと惚れ込む感性が大事

川村　丁寧という意味では、『東京家族』では実際にテイクも増えているんでしょうか？

山田　増えてはいないけれど、老夫婦が出かけた後で誰もいない部屋を映すということは、小津さんから学んだこと。ウィリアム・ワイラーの『ローマの休日』のラストシーンで、オードリー・ヘップバーンが去って行くのをグレゴリー・ペックが見てる、ヘップバーンの姿が見えなくなってペックのクローズアップ、その次にヘップバーンが退場した後のショット、つまり空舞台を映す……ああいう呼吸を『東京家族』では参考にしたなぁ。小津さんにとっての先生は、ワイラーだったんじゃないかな。

川村　ワイラーと小津監督の共通点は、確かにあるかもしれないですね。

山田　ただ、『ローマの休日』が封切られて話題になっていた当時20代の僕の感想としては、ストーリーに社会性は皆無だし、王女と新聞記者の甘ったるいラブロマンスのどこがいいのかと納得できなくて、スタッフの前で思いきって「メロドラマじゃな

いですか」と言ったことがあるの。そうしたら先輩の監督に生意気な小僧めって目で「会見場で王女は公式な発言しかしていないのに、観客はその言葉の裏に隠された愛の熱い囁きを聞いている。あれが演出ということなんだ。もう一回観て勉強してこい」と言われて、満員の劇場で観直したことがあったよ。それでサイレントアップにもちゃんと言葉があるんだってことがわかったけどね。ただ映しているんじゃなくて、観客の心に何かを引っぱり出すためのショットだって。

川村　でも、血気盛んな若い頃にそんなことを言われても、普通はなかなか観直したりはしないじゃないですか。僕なんか「つまんないから、もう二度と観ない」って思っちゃいますけどね。

山田　だとしたら、そこは僕の取り柄と思うべきじゃないかな（笑）。

川村　自分の意見を覆すのって、勇気がいることだと思うんです。でも、すぐに批判したり評価してしまうことで、何かを見落とす可能性もあるってことですね。

山田　君らの世代に共通した何かっていうのは僕は見当もつかないけど、僕らの世代は他人の映画の悪口ばかり言っていた。でも、後になって批判する頭のよさより、いいなぁと惚れ込む感性のほうが大事だと思うようになったね。アイツはばかだとか、あの作品はだめだとか、決めつけるのはかっこよかったり気持ちがよかったりするけど、そういう人間はえてして才能がない場合が多いな。
川村　山田青年が小津先輩批判をしてた時代はイケてなかったと……（笑）。
山田　脚本家の山田太一さんも以前にしゃべったときに「なんで若い頃はあんなに小津さんの作品に魅力を感じなかったんでしょうね。今だとあんなに素敵なのに」って言ってたけど、昔はいやだったものをいいと認めるのも、重要なんじゃないかな。

『男はつらいよ』企画成立までの悪戦苦闘

川村　ところで、30代から40代ってようやく仕事はできるようになってくる一方で、停滞感というか、漠然とした未来に対する不安があるような気がするんです。監督も僕と同じくらいの年の頃、悩んだりした時期はありましたか？
山田　僕らの時代は2週間おきに映画をつくらなければならなかったから、企画も脚本も追いつかなくて、何でもいいからとにかくつくれ、といった案配でね。そんなことをしているうちに、映画の信用がなくなっていったんだけど、あの頃は本当にひどい映画があったな。僕は〝寅さん〟を撮る前、ハナ肇《はじめ》主演の喜劇のシリーズをコンスタントに撮っていたんだけど、だんだん客が入らなくなって。あるとき、松竹の会長だった城戸四郎さんに呼ばれて次は何を撮るんだと聞かれたから、「どうも近頃、僕の作品は客が入らなくて」と弱音を口にしたら、「客を入れるのは営業部の仕事だ。君はそんなこと心配しなくていい」と言われてホッとしたことがある。その言葉でどんなに救われたことか。ちなみに〝寅さん〟が当たったとき、城戸さんにすぐ呼ばれて行ったら、本当にうれしそうに「よかった、よかった。スタッフとおでんでも食ってこい」って自分の財布からお金を引っぱり出して渡してくれてね。

川村　今はつくられる映画の本数も当時より少ないし、映画に限らず、日本の社会全体が失敗したら終わりだと怯えているところがあると思うんですけど、ケツをもってくれる人が上にいるだけで、挑戦できる幅がずいぶんと変わりますよね。ちなみに、38歳で監督した『男はつらいよ』はどうやって成立までもっていったんですか?

山田　30代の頃は、アルバイトでテレビドラマの脚本をよく書いていたんだよ。『男はつらいよ』シリーズはフジテレビだったんだけど、最終回で渥美清さん演じる寅さんを奄美大島でハブに嚙まれて死なせたら視聴者からものすごい抗議がきてね。だから映画で生き返らせれば観客に申し開きが立つだろうと思って上に企画を出したら、今とはまったく逆で「テレビでやったものを映画でやったってしょうがない」って、けんもほろろ。しかも提出した台本の裏に「頭の悪い醜男が美女に恋をして失恋するストーリーは、平凡極まる」って書かれて、突き返されたね。

川村　まあ、そのとおりですね（笑）。

山田　そうなんだよ、そのとおりなんだ。だから僕はいやな気はしなかった。「そうだよ、平凡なんだよ。俺はそれがやりたいんだよ！」って。

川村　小津監督の作品のほうがもっと平凡なドラマだよって（笑）。

山田　そうそう（笑）。

〝すごくやりたい一人〟がいる企画が化ける

川村　でも最終的には企画が通ったわけで、何人か推してくれた人がいたんだと思うんですが、山田監督はそういうとき、諦めずに何らかのアタックをするタイプだったんですか？

山田　決定権をもっている城戸さんを説得しようとして、会長の部屋の前をウロウロしたこともあったよ。反対したという部長さんにも会いに行って、「あんたが反対したの?」って噛みついたりもしたね。向こうは「いやぁ、私はまぁ、なんとかかんとか……」って言い訳するんだけど、反対するほうが無責任だと思っていた。映画は失敗することのほうがはるかに多いんだから。

川村 そのエピソードには勇気をもらうなぁ。ちなみに僕も『告白』と『悪人』という映画を企画したときに、やっぱり決定権をもっている人たちに結構似たようなことをして、怒られました（笑）。

山田 あの映画なら、まず、反対されるだろうな（笑）。

川村 でも、東宝の役員たちが「変な映画になりそうだけど面白そうだから、やればいいじゃん」って言ってくれたんですよね。

山田 そんなもんだよ。例えば第二次世界大戦を始めるかどうか、戦争を終わらせるかどうかっていう議論だって、誰かが「戦争なんかやめろ」とか「早く降参しちゃえ」とか言うと、みんながぎょっとして睨《にら》んだんじゃないかな。集団で物事を決めることの問題点はそこにある。かといって、誰かが独裁的に決めることの危険性もあるけれどね。

川村 だからこそ、誰かが強烈にやりたい企画であることが大事ですね。

山田 「これだけあいつがやりたいと言うなら、ひょっとして、ひょっとするのかも」

というか、みんなが反対したけどものすごくやりたい人が一人いた案件のほうが、成功する確率があるんじゃないかな。僕のときは最終的に映画化を決めたのは会長の城戸さんだったけど、彼だって『男はつらいよ』の企画を買ってたわけではないんだよ。僕がやりたがってることが大事だと思ったんじゃないかな。

川村　僕もそういう先輩に救われてきましたし、「当たりそうだけど、誰がやりたかったんだっけ？」ってものは絶対に当たらないと思っています。つまり、誰に何と言われてもやりたいものに、あとどれだけ出会えるかなんですよね……。

山田　やりたいことに出会えても、形にするのに時間がかかることもある。橋本忍さんと共同で脚本を書いた『砂の器』という映画も最終的に壮大なスケールになっちゃって、今の日本映画の予算枠では無理ってことでぽしゃった後、十何年も寝かせたよ。『学校』という映画も公開まで18年くらいかかってます。

〝カードがないと入れない〟環境では企画は生まれづらい

川村　いろいろな映画監督と仕事をしてきて思うんですけど、僕は「今、日本でいちばん優れた脚本家は誰ですか？」と聞かれたら、「山田洋次」と答えてます。
山田　え（笑）？　ただ、映画監督にはどうせなれないから、脚本家になろうと思っていたことはありましたね。
川村　橋本忍先生と共同脚本のときは、交互に書かれていたんですか？
山田　ハコ書き（※ストーリーが固まった後、脚本に入る前にシーンの並びと各シーンの簡単な内容を書いていく作業）は一緒にしゃべりながら僕が書いて、橋本さんが直す。小バコ（※ハコ書きをさらに細かく書いていく作業）も僕が書いたものを参考に、橋本さんが書く。面白いのは、例えばお寿司屋さんのカウンターで「先日の話なんだけどね」という台詞から芝居が始まるシーンがあっても、登場人物が店に入ってくるところから書くんだね。店員とのやりとりがあって、ひととおり世間話などをした後に「先日の話なんだけどね」となる。とにかく全部書いてみる。どんな店なのか、店員は親父さんなのか女将さんなのか、混んでいるのか暇なのかで、何通りも書ける。
川村　ひととおりの人の動きをつくることで、本物の人の言葉になっているかを検証しているわけですね。
山田　人間が浮かび上がってくるかどうかなんだな。ただ、出来上がってみると僕の台詞が全然使われてなかったりもしてね。

川村　それは厳しい（笑）。でも、山田監督は、やっぱりいい先生と仕事をされてますよね。

山田　確かに黒澤さんのような世界の巨匠と親しくなれたとか、橋本さんに脚本を学んだのもちょうど30代、きみくらいの年だったかな。

川村　師匠の仕事は一緒につくりながら覚えないと学べないと思うんですけど、今はそういうチャンスがないし、映画業界に限らず、日本文化というものに世代間交流がなくなっているのが気になっています。

山田　そうだね。サロンがなくなった。今のテレビ局は社員カードがないと入れないけど、僕が若い頃はふらっと行って顔見知りのディレクターとお茶を飲みながら面白い話が生まれたりもした。今の管理された環境は面白い作品が生まれる流れを痩せさせているんじゃないかな。

川村　僕もセキュリティカードは好きじゃないですね。もちろん守る必要もあるのだろうけれど、それ以上に何かを失っている気がします。

山田　映画会社とは関係なく監督とプロデューサーが一緒に酒を飲んでいないといけないし、どの業界であっても「何曜日にどこそこのバーに行けば、誰々さんに会えるよ」みたいなことが、たくさんないといけないんだけどね。

喧嘩をしたときに、まだ気づいていないものがわかる

川村　ちなみに、監督とプロデューサーの関わりという点では、例えば僕が脚本を切ろうとしたときに監督が激怒するポイントがあって、そういうときは逆に、そこの部分を肝にしてつくろうと考えているところがあります。怒りに触れたときに、監督が本当に大事にしているものが見える。

山田　監督とプロデューサーは時々喧嘩しないといけないね。お互いが気づいていないことってたくさんあるんだよ。ぶつかってみてわかることが。

川村　そこを発掘したいんですよね。もっと言うと、監督さえ気づいていないものを発掘したい。「これがいいと思ってたけど、こっちのほうが面白かったね」ってことをなるべく発見しようっていう。

山田　なるほどね。

川村　それにしてもこうしてお話ししていたら、山田監督がまるで同世代のライバルのように思えてきました。大変おこがましいのですが。

山田　ははは。

川村　まだまだ進化しようとする姿勢に刺激されるなぁ。なんか悔しい（笑）。

山田　ライバルでいいですよ（笑）、ライバルで。

（2013年1月　東京・祖師谷の青柳にて）

復習

「学ぶ」と「真似る」は同源だという。

「オリジナリティ」という言葉が高級なものとして叫ばれる現代において、山田洋次は81歳にして『東京物語』のリメイクに挑戦し、小津安二郎から学ぼうとした。

30代の頃、反対された『男はつらいよ』の映画企画を通すために、上に直談判を繰り返した。今の僕らのように悪戦苦闘していた青年は、その頃から現在に至るまで、黒澤明、橋本忍、野村芳太郎、そして小津安二郎から学んできた。その学び続けようとする姿勢こそが、山田洋次を80代の今もなお現役で第一線を走る映画監督たらしめているのかもしれない。いわんや僕らも、まだまだ「真似る」ことは残されている。そこから「学ぶ」ことはたくさんある。

対談中、山田洋次は一度も「僕はこういう映画をつくってきた」とは言わなかった。「これから僕はこういう映画をつくりたい」と繰り返した。そして僕に対して「あの映画を観てどう思ったのか?」「あの映画はどうやってつくったのか?」と質問を重ねた。

まだまだ進化しようとする50歳上の大先輩。学ばなければいけないのは、その姿勢そのものなのかもしれない。

沢木耕太郎

僕はあらゆることに素人だったし

素人であり続けた。

沢木耕太郎

Kotaro Sawaki

1947年　東京生まれ。
1965年　横浜国立大学入学。
1970年　『防人のブルース』でノンフィクションライターとしてデビュー。
1973年　初のノンフィクション集『若き実力者たち』出版。
1978年　実際の暗殺事件の被害者と、その犯人である少年との交錯を描いた『テロルの決算』出版。同作で第10回大宅壮一ノンフィクション賞受賞。
1981年　プロボクサーのカシアス内藤が再起するまでの1年間を描いた『一瞬の夏』出版。同作で第1回新田次郎文学賞受賞。
1982年　エッセイ集『路上の視野』出版。
1984年　エッセイ集『バーボン・ストリート』出版。同作で第1回講談社エッセイ賞受賞。
1986年　インドのデリーからロンドンまでバスで旅をする紀行ノンフィクション『深夜特急 第一便』『深夜特急 第二便』出版。
1992年　『深夜特急 第三便』出版。
2003年　第51回菊池寛賞受賞。
2005年　ソロクライマー山野井泰史のヒマラヤの難峰への挑みを描いた『凍』出版。同作で第28回講談社ノンフィクション賞受賞。
2013年　戦場カメラマン、ロバート・キャパの「崩れ落ちる兵士」の真贋を明らかにした『キャパの十字架』出版。同作で第17回司馬遼太郎賞受賞。
2014年　マカオを舞台にギャンブルをテーマにした初のエンターテインメント長編小説『波の音が消えるまで』出版。
2016年　朝日新聞に連載され、40年ぶりに日本に戻ってきた元ボクサーが共に世界チャンピオンを目指した仲間たちと再会し、再びボクシングに向き合う1年間を描いた小説『春に散る』出版。

※上記は全仕事の一部です。

予習

1 子どもができた後、働き方は変わりましたか？

2 30代の「仕事をするうえでのルール」とは何でしたか？

3 自由な仕事のスタイルを、どうやって獲得したのですか？

4 新しいことに挑戦するときの心構えとは？

5 やっぱり旅は一人がいいですか？

6 『一瞬の夏』『深夜特急』『凍』。その着眼点の秘密とは？

7 仕事における理想のチームとは、どんなものでしょうか？

〝世間的に新しい仕事〟が35歳までのルールだった

沢木　この企画のコンセプトは川村さんと同じくらいの年齢だった頃の僕らの話を、聞いてみようってことなんだよね。

川村　はい。沢木さんが1973年、26歳のときに出された『若き実力者たち』の影響もあるんです。当時20代の沢木さんが、小澤征爾さんや故市川團十郎さん、山田洋次監督といった超一流の年上の方々に果敢に話を聞いてまわっていて、すごいことをやっていたんだなぁと思いました。その沢木さんの30代というのはどういうものだったんですか？

沢木　明らかに人生の節目があったと思うな。ノンフィクションとは別に25歳くらいから書き始めた10年分のエッセイを束ねた『路上の視野』という書籍を出したのがちょうど35歳くらいで、結果的に500ページの分厚い本になっちゃって、それを半年くらいかけて編集しているときに仕事のうえでのひと区切りがはっきり見えた気がしましたね。あとは子どもが生まれたということもあって、この二つの理由で、35歳の前と後で人生が画然と分かれるって感じかな。

川村　プライベートも含めて変わったということですね。

沢木　僕の場合は35歳で子どもをもったわけだけど、生まれて1週間後に旅に出て3カ月後に帰ってきたら、すごく大きくなってて。そのことを朝日の有名な新聞記者だった疋田《ひきた》桂一郎さんに話したら、「沢木さんは不幸な人だなぁ。子どものいちばんいいときを見なかったんだね」って言われてね。まったくそのとおりだと思って、真人間に生まれ変わったんですよ（笑）。そこからは子どもが起きる時間に起きて子どもが寝る時間に寝ようと、生き方も時間の使い方も切り替えた。たとえ飲んで明け方に帰っても、子どもが起きる6時には起きる。あと、仕事に関しても『テロルの決算』とか『一瞬の夏』とか、35歳までに若い時期の基本的な作品は書き終えていて、それ以降の仕事は世界や世の中に対してどこか気負って気張って、肩を怒らせてやっていた初期の頃のものとはちょっと違うような気がするんですよ。

川村　『深夜特急』は何歳のときに書かれたんでしたっけ?

沢木　39歳のときです。ただ、あれも仕事としては新しいものではなくて、過去の旅を反芻《はんすう》しながら書くっていう作業でしょ。今でもよく覚えているけど、書きながら「こんなの誰が読むんだろう。編集者とうちの家族くらいじゃないかなぁ」って本気で思ってた。ただ、僕はどこか職人気質なところがあって、あらゆることに手を抜かなかったよね。つまり、35歳までは世間的に新しいものであることが僕の仕事の絶対的な基準だったけど、それ以降はほとんど唯一、手を抜かないってルールだけでずっとやってきたということになるかな。

川村 僕の場合は『告白』『悪人』の後で1本目の線が入る感じですね。それまでは僕も世間に突きつけよう、驚かせてやろうという気持ちがありました。その気持ちは今もないわけではないけれど、それ以降は自分のことを客観的に見て動く度合いが強くなった気がします。あるとき「こういうふうにつくれば、このくらいの映画にはなる」というのがちょっと見えてしまった気がして、でも、実は映画の作法として正解を踏んでいるものが嫌いで、最後にがたっと踏み外した作品とかに感動する。だから今は小説や絵本を書いてみたり、こういう対談もやらせてもらって、あえて自分が踏み込んだことのないジャンルやチャレンジを始めている。一回外に出ないと、つまらなくなっている自分にも気づけないと思って……。

沢木 でも、ある仕事をしていて今までの見方が絶対ではなくなってくる、相対化していく目をもってしまうと、そのジャンルの奥の奥に突き進みにくくなるという可能性もありますよね。

間違っていても、やってみないと収まらないことがある

沢木　漫画の『あしたのジョー』で、ホセ・メンドーサ戦の試合前に白木葉子さんに「リングに行かないで」と引き止められたジョーが、「わかってる。でも、そういうことじゃないんだよ」と言うシーンがあってね。そこでジョーは初めて少年から大人になるわけ。つまり、大人になると危険を伴ったり間違っているかもしれないと思っても、やってみないと自分が収まらないことがある。だから川村さんも、ザワザワしたことに関心をもってやってるんだよね。

川村　確かに「うまくいってるんだったら、ジタバタしないほうがいいよ」みたいなことは言われますね。

沢木　もしも自分が若いときの僕に会ったとして、今の川村さんのようにジタバタしてたら、「やってもやらなくても同じだよ」って言うかもしれない（笑）。

川村　やっぱりそうか（笑）。

沢木　ただ、やってみないとわからないこともあるから、そういう場合は「そういう

ことじゃないんだよ」と言っちゃっていいわけ。その代わり、新しい道に踏み出した以上、無限に降りかかってくることを引き受ける覚悟をするってことなんだろうね。

偶然によりドライブがかからないと、よいものにならない

川村　沢木さんはノンフィクション作家でありながら、王道のノンフィクションとは違うことをやることで「ノンフィクションとは何か」ということを、ずっと追求されているような印象を受けます。『一瞬の夏』や『深夜特急』について「これはノンフィクションなのか」という議論が、たぶん当時あったと思うんです。でも、今はそれが一つのジャンルになっている。僕が沢木さんに憧れているのは、自分もジタバタしながら映画をどう壊すか、どう疑うかってことばかりやってるからなんです。「映画って何だろう」ということをずっと考えている。

沢木　そうか。ただ、川村さんのこれまでの映画やジタバタしている様子を見てて、すごくきついことを言ってしまえば、「とはいえまだ日本だけで、世界で勝負はできてるの?」とも思うわけ。そして、それは逆に僕にも突き刺さってくる言葉で、ノン

フィクションの分野でも基本的には輸入するだけで、欧米圏にまで輸出できるものを、僕も含めてつくれてこなかった。そんな中で、2013年に出版した『キャパの十字架』のひそかなテーマは、どうやって海外に輸出するかってことだった。そこに、僕が今ノンフィクションを書くモチベーションの一つがあるのかもしれない。

川村 『キャパの十字架』で、沢木さんは戦場カメラマンのロバート・キャパの出世作になった写真の〝崩れ落ちる兵士〟は死んでいなかったという発見で終わらず、そもそもキャパが撮った写真じゃなかったという解釈にたどり着きますよね。あれはゴールを見つけたうえで書き始めているんですか?

沢木 あの写真についてはずっと疑問を抱いていたので、いつかきっちり書かないといけないと思っていたんだけど、初めは答えが見つからないまま書いていたから、もしかしたら最後の核も曖昧なまま世に出た可能性もあった。でも、最終的にとても長いものになってしまったために、掲載予定だった「文藝春秋」のほうでもすぐにとはいかなくて、いくら枚数があってもいいという新年号まで発表を待たないといけなくて。結果、半年くらい寝かせることになったんだけど、その間に新しくわかったことがあって、最後の重要な核を書き加えることができた。あらゆる創作物は偶然によってドライブがかからないと、よりよいものにならないことがあるという典型的な例だったかもしれませんね。
川村　そして沢木さんは65歳にして、ワールドワイドな存在であるキャパを通して、世界を攻めることが可能になったと。
沢木　ハードルはとても高いんだけど、まだ、僕にも時間はあると思うよ（笑）。日本でよしとされたことが世界に通じるって考え方もあるけど、ダイレクトに世界に発信する意義もあるはずだからね。
川村　日本人について書いても、やっぱり欧米には行けないんでしょうか？
沢木　昔の話になるけど、アメリカの有名な週刊誌の日本支社に勤めてたアメリカ人が「巻頭の読み物を飾れる日本人がいるとしたら二人しかいない」って言うから誰かって聞いたら、「昭和天皇と岸信介」だと。つまり、それくらいの人じゃないとユニバーサルテーマにはならないってことなんだろうね。

どうやったら〝自由〟に生きられるか？

川村　今までに一度も、ノンフィクションをやっていることに飽きたという感覚や、不安や挫折を感じたことはなかったですか?

沢木 なかったと思うな。もともと精神構造が常にフラットなので、甚だしく高揚することもなければ落ち込むこともない。そのへんは娘なんか「お父さんって本当に安定してるよね」ってほとんどばかにしながら言うんだけどさ(笑)。

川村 僕もどちらかというと自分の中で上がったり下がったりがあまりないほうで、不安や挫折まで行き着かないのが逆に弱いのかなと思ったりするんですが……。

沢木 ただ、僕の場合は何かに感応した精神状態を露骨に他人に見せるのはかっこいいことではないと思っているだけで、例えば物書きの世界でいうと編集者にわがままや無理を言うことをよしとするみたいなところがあるけど、たぶんそういうことを僕は最も好まないタイプで、お金の貸し借りも取材費の精算もきちっとやりたい。でも、それは自分の自由度を増すための作戦でもあるわけ。そういうことで借りをつくって不自由さを引き受けたくないし、どうやって自由に生きるかってことがずっと大事だったから。

川村 自由というのは〝何も考えないで突き進む〟イメージがあるけど、本当の自由を獲得するためには先手を打ったりとか、考えて動いておくとか、そういうことのほうが重要なんですよね。

沢木　僕なんか43年もこの仕事をやってきて、長編はせいぜい8本くらいなんです。つまり、4～5年に1本しか書いてこなかったってことなんだけど、裏を返せば、それだけゆっくりとやらせてもらえたってことなんだろうな。その自由度を獲得するためにやるべきことをやってきたとは言えると思う。

一人で旅に出て、窓越しの風景に〝自分〟を見る

沢木　ちなみに、さっき訊かれた「ノンフィクションに飽きたことはなかったか？」という話に少し戻ると、ずっと楽しくはあったけど、別の願望がなくもなかったと思うんですよ。例えば夜空があって、そこに自分で好きなように星をつくり出して星座を生み出すというのがフィクションだとしたら、夜空にすでにある星と星をつなぐことで星座をつくるっていうのがノンフィクション。だけど、自分で星から星座をつくってみたい思いは当然あったし、今でも放棄してるわけではないですよ。

川村　映画のプロデュースの仕事も「あの星とこの星、あの物語とこの俳優や監督を出会わせたら、素敵な星座ができるのではないか」と仮説を立てるところから始まり

ます。

沢木　確かにノンフィクションとプロデュースっていうのはよく似た次元の話だよね。でも、川村さんにとって小説を書くっていうのはそれとは違う話になってくるわけで、やっぱり、どう映画に戻るのかって話ですよね。

川村　ちゃんと戻ります（笑）。というのも、常に戻るために書いているところもあって、そこは旅のスタイルにも通じているんです。僕は10代の頃に沢木さんの『深夜特急』を読んでわかりやすく香港から旅を始めた人間で、いまだに1年に一度はバックパッカーとして一人旅に出るんですが、それは今の日本、映画界にいる自分は何者なのかを外から発見するために行っている感じです。

沢木　バスでも飛行機でもホテルでも、窓があって、外を眺めると風景があるよね。でも、多くの場合、いつのまにか窓越しの風景に自分を見ることになる。特に一人の場合は。

川村　旅は一人じゃないとだめですね。

沢木　深くならないような気がしますね。

川村　誰かと一緒にいると感動も半分になっちゃう気がして。

沢木　そこはどうなんだろう。素敵な女性がいて、女性だったら素敵な男性がいて、「きれいな景色だね」って言い合ったほうが、やっぱり感動は深まるんだろうか。

川村　いやぁ、今まで感動した景色はほとんど一人で見たものですね。いつも観光名所とかでなく、全然期待していないところでぽっと出会った景色に感動するんです。自分にとっての終世のテーマも実はそこにあって、普通なら見逃されてしまうような日常的な瞬間を、僕だけは感動的に見ていたいというか。

沢木　それってとても個人的な体験だと思うんだけど、映画なんかとも結びつくの？

川村　映画をつくっているときも、最後の最後まで自分の気持ちがいい景色に近づけられるかどうかを延々とやっています。ただ、そこに想像を超えた監督の演出や、俳優の芝居が出てくると感動するんです。人間の身体性とのコミュニケーションが映画の魅力だよなって、小説を書きながら気づかされることがありました。

3年歯を食いしばって名刺代わりになる仕事を完成させる

川村　一人という観点でいうと、映画の脚本は複眼で完成させますけど、沢木さんの本は絶対に一人でないと行き着かないところに到達している。どの作品を読んでも着眼点も含め、感動します。

沢木　心の中では複数でやる仕事に少なからず憧れはあるんですよ。書く仕事とは別で、時々テレビのドキュメンタリーの仕事をやったりするんだけど、僕一人だったら絶対に思いつかない知恵に出会う瞬間がある。そういうことが集団でやっていると日々あるんだと思うんだよね。それが一種の麻薬みたいなものなんじゃないのかな。ただ、書くってことに関しては全部一人でやりたい。そこの楽しみを誰かに分け与えたくないっていうかね。

川村　沢木さんは初めにご自身でも言われてましたけど、やっぱり職人なんだと思います。

沢木　確かに仕事場までは40分くらい歩いて行くんだけど、その間に大事なことは考え終わってて、机の前に座ってしまえば、あとは職人的な肉体労働なんですよ。

川村　そこには誰も入ってこなくて、きっと、すごく楽しいんでしょうね。

沢木　仕事場には誰もいないし、電話がかかってきて「沢木先生を呼んでください」って言われて「沢木です」って言うと、たいてい驚かれる（笑）。仕事では誰かを使うとか一緒に組むってことをいっさいやらなかった。取材も一人。とにかく自由に動きたくて、自分の興味のあることを、自分の好きなスタイルで、極端に言えば誰にも干渉されないで一人ですべてをコントロールしてやってきた。初めの話に戻るけど、35歳までにそれができる土台を築いたってことも大きいよね。「あとは自由にできる。それについて文句は言わせない」って。その自由を獲得するために、単純なことでいえば金銭的な面とか、35歳までは不自由を若干《じゃっかん》我慢したとも言える。何でもやるんじゃなくて、仕事も原則的にはほとんど断わっていたし、なるべくやらないことによって自分を持して、方向性を決めていったっていうかね。

川村　沢木さんはその情熱と同時に、極めて客観的に仕事を捉えているんですね。

沢木　でもね、例えば今の若いフリーランスのライターがある時期ぐっと我慢して、大きな仕事を一つするってことをどうしてできないんだろうって思ったりもするんですよ。3年歯を食いしばって名刺の代わりになるような仕事を完成させれば、そこから自由が拓けるのに、それを耐える忍耐力が若い書き手には少ないんだろうかって。

僕はあらゆることに素人だったし、素人であり続けた

川村　沢木さんの後に続くノンフィクションの書き手は、現れていませんか？

沢木　角幡唯介さんみたいに冒険がテーマとか、石川直樹さんみたく写真が手段とかいう人はいるけど、僕のように専門性をもたないタイプの書き手は少ないのかもしれない。僕はあらゆることに素人だったし、素人であり続けた。専門性をもたないことが最大の強みで、例えばボクシングの世界にずぶっと入っても1年で出てきて専門家にはならなかったし、『キャパの十字架』で意見を求めたカメラマンの方も「沢木さんって写真のことを本当に何も知らないんですね」って驚いてたから。

川村　それが沢木耕太郎のメジャー感なんですね、きっと。ほとんどの人はその世界のことを知らないわけなので、永遠の素人である沢木さんの地平は、大衆と絶対的につながっている。

沢木　そういう部分もあったかもしれませんね。

川村　あと、今は自由に自分のスタイルで働くことが〝ノマド〟とかいわれて当たり前になってますけど、沢木さんは最も早い時代のフリーランスだったとも言えますね。

沢木　僕はマスメディアに勤めるという選択肢をもったことはないんだけど、よく年長者に「新聞社や出版社に一度も勤めずにフリーランスになる道があるなんて思わなかった」とは言われたよね。結果的にそういう仕事の仕方になってしまっただけの話で、だからこそ存在の見本、理想型がなくて、常に自力で自分の生き方のサンプルをつくらなければならなかった。

川村　例えば35歳のとき、今の自分ってどのくらい想像できていましたか？

沢木　まったく想像できていなかったし、そういう想像の仕方を僕はしなかった。こういうふうに生きようとか、一度だって思ったことがない。ただ、今やっている仕事には手を抜かないってことを、自分と少数の読者に約束していたって感じかな。翻訳することだったり、誰かの本を編集してあげることだったり、小さなエッセイを書くことだったり、長編だったり、あるいは大切な友人のプロジェクトを手伝ったり……ってことが僕にとって大事だった。結果、一つの仕事に1年かかることもあったし、終わって「ああ、うれしかった」と思って、また次のことを考えるだけでよかった。その積み重ねだった気がするよね。

ソロの力のある人が緩やかに組んだパーティが強い

沢木　川村さんはチームというか、常に同じ誰かと組んで仕事をしているの？

川村　基本的にはそのときどきの企画に適したチームを自由に組むスタイルでやって

います。一つのプロジェクトが終わると、毎回解散です。

沢木 それは僕の言葉で言えばこういうことなんだけど、僕が書いた『凍《とう》』という本のモデルでもあるソロクライマーの山野井泰史さんってすごい人がいて、〝アルパインスタイル〟といって、集団ではなく一人で登れる山を最小限の荷物で数日で登頂して下りてくる。だけど、一人で登れない山もあり得るわけで、そういうときにソロで生きられる力のある人が緩やかなパーティを組むのが、何かを達成するときにはいちばん強い。だから、大切なのは「どこにいてもソロで生きられる力をつけろ」ってことなんですね。新たなパーティに誘ってくれる人がいるとき、参加できる準備をしておくことが生き方の理想型だと思う。場合によってはみんな個性が強いから、喧嘩になっちゃうかもしれないけどね。

川村 僕の基本パーティは監督と脚本家と僕の3人。それくらいがちょうどいい。何百人のスタッフを率いるイメージがどうしてももてないんです。

沢木 それも一つのパーティだし、川村さんはある種の自由を勝ち得てるわけだよね。問題はパーティでしか生きられない人が仲間にいる場合。

川村 僕もパーティに所属することが目的になっていてそこで満足していたり、既得権益に乗っかって山に登ろうとしていたりする人がいると、イラッとしてしまいます。

沢木　でも、そういう人を冷たく突き放していては集団の中で偉い人になれない。僕はなろうと思わなかったからいいんだけど、川村さんはどっちなんだろうね（笑）。

川村　今のところ、完全に突き放しちゃうほうですね……。

沢木　あと、最後にもう一つ、35歳という年齢に関して言うなら、男はそれくらいまでに誰かの人生をいったん引き受けたほうがいいよね。

川村　結婚という責任を取りたがらない輩はだめだと。

沢木　愛情を媒介にパーティを組んだり解散したりを繰り返していれば、普通は30代半ばまでに一度くらい結婚するチャンスがあるはずなんだよ。でも、忙しいとか自分の夢を理由にして目の前の相手と向き合わないでずるずる一人でいると、どこかで人間性が損なわれていくと思う。いったん引き受けて、だめなら、途中で戻ってきてもいいんだから。

川村　なるべくなら、戻ることがないようにしたいところです（笑）。

（２０１３年３月　東京・渋谷のセルリアンタワー東急ホテルにて）

復習

フィクションとは何か？　人間とは何か？

沢木耕太郎の作品は、圧倒的な取材と文章の力でこの問いを絶えず僕たちに突きつける。『一瞬の夏』『深夜特急』から『キャパの十字架』まで、ノンフィクションがフィクションを超える瞬間をまざまざと見せつける。

「僕はあらゆることに素人であり、素人であり続けた」と冷静に語る一方で、「自由を獲得するために、3年間は歯を食いしばって名刺代わりになる仕事を完成させろ」と熱く語る。

対談後、ワインを傾けながらの食事となった。

キャパのこと、ボクシングのこと、一人旅のこと、さまざまな話に花が咲いた。そして最後に僕は、理想の働き方について訊ねた。

大切なのは、どこにいてもソロで生きられる力をつけること。新たなパーティに誘われたときに、参加できる力を身につけておくこと。

沢木耕太郎は言った。優しい声だった。だが厳しい目をしていた。

素人の目線と、職人の技術をもつ孤高のソロクライマーの姿を見ながら、僕は思った。いつか高い山に登るパーティに誘われたときに、胸を張って参加できるソロクライマーになっていたいと。

杉本博司

やるべきことは
自分の原体験の中にしかないんです。

杉本博司

Hiroshi Sugimoto

1948年	東京生まれ。
1966年	立教大学経済学部入学。
1970年	ロサンゼルスのアートセンター・カレッジ・オブ・デザインで写真を学ぶ。
1974年	ニューヨークに移住。奨学金を受けながら写真作品を制作。
1976年	ニューヨークの自然史博物館のジオラマを撮影した『ジオラマ』シリーズを発表。MoMAに1枚を持ち込み、買い上げられる。 全米の映画館のスクリーンを撮影した『劇場』シリーズを発表。
1977年	東京の南画廊で初個展開催。
1980年	世界各地の海を撮影した『海景』シリーズを発表。
1981年	ニューヨークのソナベンド・ギャラリーで個展開催。以降、現在に至るまで国内外の美術館やギャラリーで数多くの個展を開催。
1997年	写真を意図的にぼかして建築を撮影した『建築』シリーズを発表。
2001年	ハッセルブラッド基金国際写真賞受賞。
2002年	香川県直島町に設計・改築を担当した『護王神社/アプロプリエイトプロポーション』が完成。
2008年	建築・設計を手がける新素材研究所を創業。
2009年	第21回高松宮殿下記念世界文化賞・絵画部門受賞。 公益財団法人小田原文化財団設立。
2010年	紫綬褒章受章。
2011年	『ヨコハマトリエンナーレ2011　野村万作×萬斎×杉本博司・三番叟公演』にて能舞台空間を演出。
2013年	フランス芸術文化勲章オフィシエ受勲。
2014年	第1回イサム・ノグチ賞受賞。
2017年	文化功労者に選出。 これまでの活動の集大成として文化施設「小田原文化財団 江之浦測候所」を開館。
2018年	2019年9月から10月に、パリ・オペラ座ガルニエ宮で演出を手掛ける「At the Hawk's Well ／鷹の井戸」の上演が決定。

※上記は全仕事の一部です。

予習

1 今の自分の成功を、若い頃にイメージできていましたか？

2 海外で学ぼうと思ったのはなぜですか？

3 『劇場』『海景』。特異なアイデアはどこから生まれる？

4 作品をいきなりMoMAに持ち込んだって本当ですか？

5 考えてから動きますか？　動いてから考えますか？

6 「やりたいこと」って、どうやったら見つかりますか？

7 〝芸術〟も売れなきゃだめですか？

自分に飽きないことがいちばん重要

川村　学生の頃からずっと杉本さんの熱烈なファンで、今日はお会いできて光栄です。常に世界を相手に第一線で活躍され続けている姿に憧れます。有名な映画監督でもだんだんと撮れなくなってしまう人は少なくないですから。

杉本　プロデューサーがつかなくてつくれなくなるってこと？

川村　作品そのものが難しい方向にいってしまうことが理由だったりはします。

杉本　でも、コマーシャルでウケなくても、小さいプロダクションで過激なことをやることはできるんじゃない？

川村　そうなんです。だから、撮れなくなる監督は、仮説ですけど、どこかで撮らない理由を見つけてしまったのかなと思います。神棚に上がってしまったほうがラクで、つくり続けるってことは一方で「昔のほうがよかった」と言われるリスクもはらんでいますよね。

杉本　それは言えてる。どんな業界、ジャンルでも、自分がピークを終えたなと思ったら、静かにしていたほうがいいという選択肢はあるよね。

川村　でも、僕が憧れていて今学びたいのは、つくり続けていくことなんですよね。

杉本　アーティストの場合は自分の定番が確立したら、それを繰り返しやり続けることで、現役でいられる部分はあるのかもしれない。確立した初期とその後の作品でクオリティに雲泥の差はあっても、画一化した商品を大量生産でつくっていくことで成り立つというかね。いや、実際は成り立たないんだけれど、何もやらないわけにはいかないから。だから、やらないという選択肢のほうが、勇気があって立派だと思うこともあるけどね。

川村　杉本さんの場合は写真からスタートされて、今はほかにもいろいろな分野の仕事にチャレンジされていますね。

杉本　僕にとっては自分に飽きないことがいちばん重要で、一生同じシリーズの写真を撮り続ければいいかというと、そうはいかないよね。興味っていうのはいろいろと派生していくものだから。例えば、今だと能の舞台とか演劇関係の仕事に半分以上の時間を使っているという感じだし。

川村　写真だけに戻るようなことも、今後はあり得ますか？

杉本　写真は飯の種だからコンスタントにやっているし、これからもそういう力加減でいくと思います。ただ、写真で世に出たので、彫刻や数理模型なんかをつくっても、正直あまり売れないね（笑）。ただ、今はアートがグローバルマーケットの中で完全に先物取引商品みたいになってしまって、プライベートのディーラーやコレクターが鑑賞目的でなく倉庫に保管して値上がりするまで待つみたいな状況だったり、自分の写真が高値で売れるような状況は、若い頃は夢にも思わなかった。それはそれで変な世の中になったなと思うよね。利益にしてもアメリカで納税したら、イラクの戦争に使われてしまったりするから、ちょっと違うんじゃないのって。

杉本　なるほど。だから、写真以外に能の舞台なんかもやられていると。

川村　消費されないアートに挑戦したいというかね。写真やあなたの専門でもある映画は繰り返し眺めることができるけど、演劇はライブで、ある瞬間、何かが降臨してくるステージを観ることができるとすごいと思ってしまう。

脈々と培われてきたその分野の文脈の中で勝負する

川村　1970年に日本の大学を卒業してすぐ、22歳で写真の勉強をするために海外に出られていますが、アメリカを選ばれたのはなぜですか?

杉本　西海岸のアートスクールに入学したんだけど、当時はカウンターカルチャー全盛で、発信源がカリフォルニアだったから、まずはそこを目指そうという感じだった。今でこそエコとかが叫ばれているけれど、あの頃が一回目のブームだろうね。あと、人類史を俯瞰して若者の視点で大人とは違うカルチャーをつくり得た、画期的な時代だったとも思う。ビートルズ世代みたいな、ロックで社会批判をするようなことと一体化してドロップアウトしよう、社会とは完全に違うコミューンみたいなものをつくっていこうっていう。

川村　アートでいうと、当時はウッドストックに象徴されるような、サイケデリックで混沌とした作風が特徴だったと思うんですが、その後に杉本さんが発表した『ジオラマ』(※ニューヨークの自然史博物館のジオラマを生きているかのように撮影したシリーズ)や、上映中のスクリーンにカメラを向けて、映画1本分の光を撮影した『劇場』のシリーズなんかは、まったく真逆のミニマルなトーンですね。

杉本　さんざん混沌を楽しんだからこそ、ああいうものが出てくるわけですよ。やっぱりアートとして社会に発表するっていうことは理路整然とした説明責任を果たさないとできないし、脈々と培われてきたその分野の文脈の中で出していかないと意味がないとは、最初から思っていました。

川村　アートを理解するのに、ヒストリーやセオリーの勉強が必要だという主張にはすごく納得させられます。僕は映画人でありながら、『劇場』シリーズで映画の見方を発見させられました。杉本さんが写し出した真っ白なスクリーンの写真を見たとき、映画というのは行き着くところ、ただの空白であり、それはまるで人間の人生というか死というか、そういうものと同じなんだなという大きな気づきがありました。そして、人間にそういう〝視点〟を与えるのがまさにアートの力だなと思って、感動したのを覚えています。

杉本　映画は写真をコマつなぎにしたもので、そういう意味で、写真っていうのは映画の先輩だよな。

川村　それこそ杉本さんがこれから映画を撮るようなことがあれば、写真で撮った一枚があって、そこから逆算した映画を観てみたいですね。例えば映画の原点ともいえる、リュミエール兄弟が撮った機関車の映画も、列車がこっちに向かって走ってくる一枚を基準に、前後を撮ったんじゃないかって思うことがあります。つまり映画って、あるシーンが撮りたいがためにつくるみたいなところもあると思うんですよね。ただ一方で、商業的な評価にさらされるところからも逃げられない。ビジネスとアートの闘いが最もシビアに展開されている場所が映画かもしれないです。

杉本　まぁ、しょうがないよね。絵だって何だって、結局は商業的な評価にさらされてるわけだし、売れなきゃおしまいよ……みたいなところはあるよね。この現代社会に資本主義しか生き残らなかったという意味でも、悲しい終末観が漂ってるよ。

川村　アートの世界は、そのあたりがもう少しおおらかなのかなと思っていたんですが、そうでもないんですね。

杉本　それはもう、弱肉強食よ。

30代前半までにやることが見つからなければ人生やることない

川村　それにしても、『ジオラマ』はどこの博物館にも展示されているものだし、『劇場』ももちろんそうで、『海景』のシリーズなんかも写しているのは海と空ですし、杉本さんの写真のコンセプトはどれもすごくシンプルだなと思います。

杉本　それはそうだね。

川村　ただ、そういうシンプルな海の景色に「人類が初めて見た景色は海だったのではないか」と仮説を立てることができるのが、杉本さんのすごさだと思うんです。

杉本　後づけの理論なんだけどね（笑）。無性に海を撮りたくなったのが最初ですよ。

川村　そこらへんはすごく聞いてみたかった部分なんで、コンセプトとアクション、どっちが先だったかわかって、すっきりしました（笑）。

杉本　『海景』を撮り始めたのは32歳のときで、『ジオラマ』や『劇場』の後なんだけど、この三部作に関しては西海岸からニューヨークに移ってから、〝意図的〟に考え始めたんだよ。ニューヨークには、商業写真家としてやっていこうと思って「だったら西海岸より東海岸でしょ」みたいなことで行ったんだけど、ジャーナリズムにしてもコマーシャルアートにしても、結局ただのビジネス。何人かのカメラマンのアシスタントをやってみて、人に言われたとおり写真を撮るのが退屈でいかに向いていないかがわかった（笑）。

川村　そんなにつまらなかったですか？

杉本　カタログ撮影とかは、1日で200カットくらいひたすら撮る。高級宝飾店の撮影なんかも当時はコンピュータも何もなかったからすごい凝って、いろいろと反射板を入れたりしてやるんだけど、全然面白くなかった。だから、一人でできる商売っていうことで現代美術しかないという考えに行き着いて、作品として発表するには何をやるべきかってことを考え始めたわけ。

川村　だから〝意図的〟なんですね。

杉本　うん。20代後半で人生を通して表現するコンセプトを発想して、そのことを今でもずっとやり続けている感じがする。だいたい、30代前半までにやることが見つからなかったら、人生やることないよ。自分の原体験みたいなものは、そこまでに出尽くしちゃってるもの。

すごいアイデアも、表現する技術がないと伝わらない

川村　確かに杉本さんの写真には、どこか〝原風景〟というか、懐かしさがある。僕は杉本作品に初めて出会ったとき、自分の中に眠っている原始的な感覚が写真に写っていることに衝撃を受けたんです。杉本さんにとっては、幼少期のどういう体験が今に影響していると思いますか？

杉本　子どものときは、今でいう引きこもり的な、小さな部屋に閉じこもってずっと模型をつくっているのが好きだった。でも、模型っていうのは世界のミニチュアをつ

くることだからね。そういう意味では、写真も実物を小さくかたどって、あらゆる世界の雛形をつくるようなものでしょ。

川村　ちなみに、試しにやってはみたけれど、ボツにしたアイデアもあるんですか？

杉本　そんなもの、いっぱいありますよ。頭の中でぐにゅぐにゅ反芻しては「いつか見ておれ」と思ってるものがね。いけるときは、ある程度の確信がもてたときに手を動かし始めて、動かしながら再発見があって、とどめを刺すみたいな感じ。「これならいける」って最後のところで跳躍できるかどうかが問題で、自分がすげぇなと思えるものでないとだめだね。

川村　子どもの頃の原体験があって、さらに20代までの経験でやるべきことが決まるっていうのは、すごく腑に落ちます。仕事というのは、そこまでにためたものを、どうアウトプットするかってことだけなのかもしれない。ただ、実際はアウトプットに苦しむのが現実な気がしていて、その点では、杉本さんは落とし込む技術がちょっと並外れている印象を受けます。

杉本　観念的にすごいものであっても、表現する技術がないと伝わらないと思う。だから、職人的なクオリティはいちばん重要視したよね。とにかく技術で驚かすという戦法に出たわけ。具体的には、ひと目見て「買いたい」と感じてもらえる質を出さないとだめだと思って、急きょ8×10のカメラ（※大きなフィルムを使う大判カメラ）を買って……。

川村　今でも8×10で撮られていますよね。

杉本　デジカメも持ってるには持ってるよ。だって、今は入稿が明日だとか言って「すぐにデジタルのデータで出せ」ってみんなが言うじゃない。8×10で撮ったって、データ化しなきゃいけない世の中だから。

フィルムがなくなったとしても、自分でつくってやればいい

川村　今の時代はコンセプトは打ち出せても、技術という部分が抜け落ちている人が意外と多いような気もします。

杉本　確かにダミアン・ハーストあたりから、アーティストが自分の手で触れないで、依頼して生産するみたいなのがかっこいいっていう風潮が出てきた。だけど、個人的には長持ちしないと思うね。やっぱりアルチザンとか、中世からの伝統を守ってやってるみたいなことが大事だと思うんだよ。だから僕のプリントは全部、杉本の手でつ

くっているっていう確証がある。だいたい人に頼めないよ。誰かにやってもらえるならやってもらいたいところだけど、望むクオリティに達しないし、トーンの調子なんて言葉では教えられないでしょ。

川村　代わりがいない仕事ってことですよね。

杉本　そうなんだよ。例えば現像のプロセスでも、どれくらいのネガで仕上げたらどういうプリントになるかっていう陰画と陽画の因果関係が、目に染みついてるっていうのかな。

川村　常にネガの世界で世の中を見ているわけですね。

杉本　そのとおり。あそことここの露出差はだいたいこのくらいだなとか、写真家ってそういうのをわかってないとだめだね。シャドーを活かすか、ハイライトを活かすか、そういう露出の割合も瞬間的に勘で決めるわけ。ほとんどは2枚撮って1枚目を現像して、それによって押すか引くかを決めて、2枚目の現像で完成させるって方式だね。

川村　ほとんど工芸職人と同じ領域ですね。

杉本　まさに工芸ですよ。例えば夏と冬では現像液の溶け方が違うから、市販のものでなく、自分の処方でミックスしたりね。さじ加減の問題だよね。

川村　もともとテクニックを追求するのが好きだったんですか？

杉本　好きだったというか、市販の現像液は世の中のテイストに合わせすぎちゃってる。コマーシャル特有のメリハリが立ったトーンになっちゃって、僕の場合はそれだと困っちゃうんだね。だから必要に応じて研究せざるを得なくて、自分が写真をどう見たいかは決まっているから、そのビジョンに世界をすり合わせていく作業です。僕の見たいものはその先にあるから。

川村　〝自分の見たい景色に近づけるためなら、それぐらいのことをする〟というよく考えれば当たり前のことを、当たり前にやらない人がほとんどなのかもしれません。

杉本　よく「フィルムがなくなったらどうしますか?」と聞かれるんだけど、初期の写真を発明したタルボットだって、ゼロから自分でつくったわけで、そこにまた戻ればいい。だから「自分が発明家になればいい」と答えてるんだけどね。

自然史博物館でゲリラ撮影をし、MoMAに持ち込む

川村　ここからはもう一度、杉本さんの若い頃に話を戻したいのですが、『ジオラマ』のシリーズなんかは、ニューヨークの自然史博物館にふらっと日本人の青年が行って、

「丸一日写真を撮らせてください」と言ったところで許されるものなんですか？

杉本　いやいや、普通は撮らせてくれないね。

川村　どうやって交渉したんですか？

杉本　はっきり言って、抜けがけだよね。事前に広報に電話したら「コマーシャルでなければいい」と言うから、許可を取ったような、取らないような感じでしれっと出かけたんだけど、向こうはツーリストだと思ってるからまんまと撮れちゃった。守衛に何か言われたら「一応、電話をして許可は取ってます」ってね。

川村　しかも、やたらデカい8×10を持ち込んだわけですよね（笑）。それはもう、完全なゲリラですね。

杉本　テープを張って人が入れないようにして、黒いテントや三脚まで立てたりしてさ（笑）。でも、当時のシステムが緩かったのかわかんないけど、度胸だけはあったんだと思う。その後、作品をMoMA（※ニューヨーク近代美術館）に持って行って買い取ってもらってからは、MoMAが紹介状を書いてくれたので自由に撮れるようになったけど、その威力たるや絶大だったよね。『劇場』だって、最初は1ドルの映画館の入り口をすり抜けて、カメラの入った大きな荷物を持ち込んで隠れて撮った。写るかどうか自分でもやってみないとわからなかったから。

川村　現像してみたら、写っていたと。

杉本　仮説が実証されて自分でも驚いたね。その後しばらくは美術館や地方自治体、政府からの奨学金を稼いで写真を撮りまくってた。まったく博打《ばくち》打ちみたいな生涯だよな。

川村　結果、全部がうまくいっている話ですけど、それぞれを因数分解していくと、結構大きな博打を打ってますよね。ＭｏＭＡに持ち込んだなんてエピソードも攻めてるなぁという印象しかないです。

杉本　でも、どんな美術館でも、どこかに隙間はあるんだよ。そこを自力で探して何とか入っていかなくちゃいけない。画廊のオーナーが向こうからやってきて発見してもらえるのを待ってるアーティストなんてあり得ないですよ。

一人一人が自分で世の中への出方や戦略を考えてやる

川村　ただ、最近は〝トリエンナーレ〟なんかも増えてきて、アーティストが自分で動かなくても発表する場所が用意されるようになりましたよね。そこに参加すれば何十万人が観にきてくれるわけで、杉本さんのように自分一人の頭の中で反芻した結果、単独で勝負をしようというアート界のスターは少なくなった気も……。

杉本　蚤の市みたいにあちこちでやってもしょうがないよね。あるところでは〝トリエンナーシ〟(取り柄なし) と呼ばれてたりね (笑)。

川村　そうなんですね。

杉本　やっぱり一人一人が自分で世の中への出方や戦略を考えてやるのが正しいよね。もともとはレオナルド・ダ・ヴィンチにしろモーツァルトにしろ、激しく売り込みをしていたわけだから。

川村　自分から売り込むのはかっこ悪いみたいに思われがちですけど、みんな外に言わないだけで、意外とそういうことをやっているということですね。

杉本　アーティストは聖職者みたいなイメージがあるけど、僕はある意味、いちばん汚れた職業であってもいいと思っている。

川村　とはいえ、杉本さんのようなワールドクラスになれば、自分からの売り込みはさすがに……。

杉本　いやいや。日本では全然プロモートしてこなかったし、パトロンがサポートしてくれる国でもないから、長い間売れませんでしたよ。しかも、絶対にニューヨークでは死にたくないと思い続けてきたから、最近は小田原のランドアートの中に古典芸能や前衛舞台芸術のライブパフォーマンスを組み込んだ文化財団をつくったり……。でも、そこを維持していくためには写真が売れ続けるっていう架空の条件を設定してる。要するに売り込みはしないけど、自分にプレッシャーやリスクはずっとかけ続けてます（笑）。

独学の姿勢はあらゆるやりたいことを可能にする

川村 それにしても杉本さんは、技術だけでなく、世界でやってきた生命力というか、好奇心も並外れていますね。

杉本 やりたいことの種が尽きないって感じなんだよ。写真に関しても『ジオラマ』の新しいシリーズをまだ撮り続けてる。若い頃と違う興味が出てきて、昔はシロクマがアザラシを食い殺したとか、基本的には何らかの事件が起こってる写真を撮ってたんだけど、今はただのペンシルバニアの原生林とか、人間が現れる前の自然に目がいくよね。

川村 本当に精力的ですよね。

杉本　２０１２年には『MY WORST NIGHTMARE』っていうフランス映画に、〝杉本博司役〟で俳優デビューもしましたし（笑）。

川村　自分役ですか！

杉本　うん。でも、「俺はこんなこと、絶対に言わない」という台詞ばかりだったので、自分で書き直しちゃった。

川村　脚本を書く作業はどうでしたか？

杉本　能の舞台でも脚本は自分でやってるんだけど、あれは能独特の文体が身体に染みついていないと書けない。だから、言いたいことを能の文体に訳すのに結構時間がかかったけど、誰にも指導を受けないでやりましたよ。

川村　写真で鍛えた独学の力がそこでも発揮されていますね。もしもいつか映画をつくられるときは、脚本だけでなくて、演出や編集もされてしまうんでしょうね。

杉本　映画の監督はそうじゃないと話にならないと思うよ。できれば、カメラまでやりたいところだけど。

川村　うわぁ、それはきっと現場が滞るなぁ（笑）。

（２０１３年３月　東京・白金の杉本博司スタジオにて）

復習

「30代前半までにやることが見つからなかったら、人生やることない」

その言葉に目眩がした。やめてください杉本さん。僕はまだ暗中模索です……。

でも冷静になれば、そんなにひどい言葉ではないことがわかる。

30年以上生きてしまった今、新たにやるべきことを見つけるのは難しい。きっと、今までの自分の人生の中に宝物はあるはずだ。

そうだ。大切なものは自分の原風景にしかない。

『ジオラマ』『劇場』『海景』。いつも杉本博司の写真を見るたびにそう思わされてきた。あとは残りの人生で、どう表現するかだけなのだ。

だが果たして今の僕は、ニューヨークの自然史博物館に忍び込みゲリラ撮影をする勇気があるだろうか。その写真をMoMAに持ち込む野心をもっているのだろうか。

別れ際。杉本博司は、近年コレクションとして集めているという古い蓄音機とレコードを持ち出し、お気に入りの曲をかけてくれた。そして、こぶしを振り上げ、大声で歌ってくれた。初対面の僕にだ。

そうか。これが世界と闘う人間のデカさなのだ。そのサイズに触れて、なんだか勇気が湧いてきた。

倉本　聰

世間から抜きん出るには
どこかで無理をしないといけない。

倉本 聰

So Kuramoto

1935年	東京生まれ。
1954年	東京大学文学部入学。
1959年	ニッポン放送入社。在職中からラジオドラマと「倉本聰」のペンネームでテレビドラマの脚本も担当。
1963年	ニッポン放送退社。テレビドラマのシナリオライターとして独立。
1967年	杉良太郎主演による時代劇ドラマ『文五捕物絵図』放映。
1974年	大河ドラマの脚本を担当中にNHKと対立し、北海道・札幌に移住。
1977年	北海道・富良野に移住。
1981年	ドラマ『北の国から』放映、シリーズ開始。 高倉健主演による映画『駅 STATION』公開。
1984年	役者とライターを養成する私塾「富良野塾」を創設。
1988年	富良野塾による初演舞台『谷は眠っていた』公演。
2000年	紫綬褒章受章。 全国初の公設民営劇場「富良野演劇工場」が完成。
2002年	ドラマ『北の国から』最終章となる『北の国から 2002 遺言』放映。 第21回向田邦子賞受賞。 『北の国から』スタッフとともに第50回菊池寛賞受賞。
2005年	寺尾聰主演によるドラマ『優しい時間』放映。
2006年	環境教育に取り組む「NPO法人 富良野自然塾」を創設。
2008年	中井貴一主演によるドラマ『風のガーデン』放映。
2010年	「富良野塾」を閉塾、「富良野GROUP」に名称を変え活動継続。 旭日小綬章受章。
2011年	東日本大震災による原発事故を受け、富良野に福島の子どもたちを受け入れる「NPO法人 被災学童集団疎開受け入れプロジェクト」を立ち上げ。
2017年	東京近郊の老人ホームを舞台にした、石坂浩二主演によるドラマ『やすらぎの郷』放映。 東京ドラマアウォード脚本賞受賞。
2018年	2019年4月から1年にわたり、『やすらぎの郷』の続編となるドラマ『やすらぎの刻《とき》〜道』の放映が決定。 第55回ギャラクシー賞55周年記念賞受賞。

※上記は全仕事の一部です。

予習

1 どうしたら自分独自の仕事ができるようになりますか？

2 若い頃、どんな企画書を書いていましたか？

3 大河ドラマの降板、北海道へ移住。そのときの心境は？

4 どんな人たちと付き合うのがよいのでしょうか？

5 『北の国から』は毎回どのように書いていたのですか？

6 本当に言いたいことを、多くの人に伝える方法とは？

7 人は何に感動するのでしょうか？

いろんなタイプの企画書をルーティーンに縛られずに書く

川村　お会いするにあたって倉本さんのキャリアをあらためて予習してきたんですが、大学卒業後にニッポン放送に就職されて、20代からもうシナリオライターとして活躍されていますね。

倉本　ニッポン放送では学生時代からアルバイトをしていて、その頃から趣味で脚本は書いていたんです。ただ、入社してシナリオライターとしてデビューした後も、なかなかオリジナルは書かせてもらえませんでした。今の作家はいきなり書かされるみたいだけど、プロット（※ストーリーの要約）をつくるのとシナリオを書くのとは、そもそも別の仕事ですよね。われわれの時代はまず企画担当が小説とかいろんなものを探ってきて、その中からプロットライターが筋書きにしたものがシナリオ部に下りてきて、やっと僕が書くという分業でした。

川村　僕も今までに15本ほど映画をつくってきましたが、やっぱり、ほとんどが原作モノです。

倉本　若い頃はオリジナルを書きたいという思いもあったけど、今考えると、まだ実力が伴ってなくてちょっと無理だったなという気がしますね。最近はよく映画でも漫画の原作モノなんかをやりますけど、逆にいいことだと思います。

川村　ただ、倉本さんはその後、30代に入られてからだと思うんですけど、自分でプロットをつくって脚本もやるという、オリジナルを書く作業に移行されていますよね。

倉本　きっかけとして大きかったのは『文五捕物絵図《ぶんごとりものえず》』という時代劇ドラマでした。松本清張さんが原作者だったんですけど、彼が書いてきたのが〝江戸末期の神田明神下に文五という岡っ引きがいて、さらに6、7人の下っ引きがいた〟ということだけだったんですよ。

川村　かなりアバウトですね（笑）。

倉本　ところが、これが逆に助かったんです。原作があってないようなものだから、清張さんの全作品を下地に書いていいということになったんですが、どこを変えれば時代劇として通用するだろう……とか考えたり、とても面白かった。そこからどんどんオリジナルを書くようになりましたね。

川村　仕事って、どの分野でもそうですけど、いきなり「オリジナルの仕事をしろ」と言われても、そもそもわからない部分があるような気がします。僕も最近ようやく自分で小説を書いたりしながらオリジナルストーリーをつくっているのですが、なんの担保もないぶん、ヒットまでもっていくのは本当に難しいと感じています。

倉本　そう思いますね。

川村　『文五捕物絵図』をきっかけに、その後、オリジナルを書く作業にシフトしていったのは、局からの要望があったからなんですか？

倉本　いいえ。自分で企画書を書いて持っていきました。あの頃は年間に何本も、とにかくひたすら自発的に企画書を書いてましたね。ほとんどボツになりましたけど。ニッポン放送に入ってアシスタントとしてついたのが羽佐間重彰さんといって、後にそれこそニッポン放送やフジテレビの社長になる人で、最初に彼から企画書の書き方を鍛えられたのが、すごい武器になりましたね。

川村　倉本さんでもオーソドックスに企画書を書くというところから始めているんですね。最初からとんとん拍子にいったと思っている人も少なくないんじゃないかと思います。

倉本　そんなことはなくて、しかも、そのやり方がいちばんまともだという感じがありました。いろんなタイプの企画書を、ルーティーンに縛られずに書きましたし、登場人物の証言だけをくっつけて主人公の人物像を説明したりもしました。

睡眠時間２時間だった時期のめちゃくちゃな無理が財産

川村　倉本さんのニッポン放送時代のもう一つの武勇伝としては、入社してすぐの頃から、会社に隠してテレビのシナリオも書かれていて、「倉本聰」はそのときのペンネームだと。やっぱりテレビの脚本家になりたかったんでしょうか？

倉本　そういうことでもなくて、一生に一本、映画化できるものが書ければいいやくらいのつもりでいたような気がします。

川村　寝る時間とかまったくなかったんじゃないですか？

倉本　ラジオはラジオでめちゃくちゃ忙しくて、28歳まで4年ほど勤めましたが、最後は2時間睡眠が2年ほど続きましたね。本当に精神がいかれちゃって、ノイローゼになりましたよ。

川村　僕も『世界から猫が消えたなら』という初小説を書いたとき、昼は映画をつくり、夜は小説を書くという二重生活で、倉本さんのようにノイローゼになりかけました。でも、それを書いたことで逆に映画にしかない表現のアドバンテージにも気づけたというか。多少むちゃでも今のうちにそういうことをやっておかないといけない気もしたんですよね。

倉本　誰かから、世間から抜きん出るには、やっぱりどこかで無理をしないといけない。だから、僕は睡眠時間2時間だった時期のめちゃくちゃな無理が財産ですね。

大河ドラマの降板、北海道での新しい生活

川村　ところで、倉本さんの大転機といえば、大河ドラマ『勝海舟』を執筆中にNHKと衝突して降板することになって、北海道に移ったことだと思うんです。地方から東京というのはよくありますけど、その逆パターンで、しかもいまだに地方をベースに現役で仕事を続けているというのは、希有なケースなのかなと思います。

倉本　ちょうど39歳のときでしたけど、いろいろな意味でタイミングがよかったと思っています。第一に地方に移住する人もあまりいなかったですし。ただ、きっかけはNHKの件でしたけど、僕の中にも30代は悶々としたものがあったような気がするんです。一つは売れてきたので、周りにちやほやされるでしょう。そのことが気持ち

いいんだけど、居心地が悪い。こんなに持ち上げられていいのか、こんなふうにされていたら、だめになるという思いがありました。それから、これは後になって気づいたことですが、僕は戦時中の子どもでしょう。敗戦の瓦礫の中で育ったので、世の中が贅沢になればなるほど「こんなことがいつまでも続くわけがない。どこかで破綻する」という不安感のようなものがありました。だから東京の暮らしが恐ろしくて、ベースに戻りたいという気分もあったと思います。

川村　結果、その後の『北の国から』の大成功もあるのでポジティブな話として受け取れますけど、NHKの大河を降りるというのはかなりのダメージですよね。

倉本　ええ。完全にシナリオライターを干されると思って、トラックの運転手になるしかないなと。一回そこまで開き直っちゃったのがよかったですね。

川村　順調にきていたのに、いきなり人生が転落していく恐怖はなかったんですか？

倉本　めちゃくちゃありましたよ。ただ、怒りのほうが強かったから、やっていけましたよね。

川村　僕もいつかは大きい転落もあるのかなという……。

倉本　あるかもしれないですよ（笑）。あとは女性にモテすぎるのもよくない。人生は平等にできているので、いいことばかりだと早死にしますから（笑）。

下積みをしておかないと、長続きしない

倉本　小説を出したとき、ペンネームで書こうとは思わなかったですか？

川村　「『告白』『悪人』『モテキ』の映画プロデューサーが……」みたいな肩書きで出るのは場違いだし、得策ではないと思ったので、新人として出しても勝負できるかどうかってところでやりたいという思いはありました。

倉本　僕は今でもフジテレビのヤングシナリオ大賞なんかに名前を変えて応募してみようかという気持ちを時々もちますね。

川村　名前で仕事ができるようになってしまうのは、確かに危険ですよね。

倉本　僕なんかまさにそうです。テレビ局に脚本を持っていっても、ほとんど文句をつけられずに「いただきます」とすんなり受け入れられてしまう。そうすると自己規制していかないとまずくて、１９８４年、49歳のときに役者とライターを養成する「富良野塾」を立ち上げて演劇公演を始めたのは、そのせいもあるんです。自分で書いたものを自分で演出していると、日々台本のだめさ加減がわかってくる。だから毎日書

き直しで、初日と千秋楽で本がまったく変わってくる。そのくらいだめなものはだめだし、完成形がないものなんです。そこの闘いが、今いちばん自分を燃え上がらせるポイントですね。

川村 脚本を書くうえで特に苦労をされた時期というのはあるんでしょうか?

倉本 ニッポン放送を辞めてドラマのシナリオライター一本でいこうと決めたのは28歳のときなんですけど、どんな仕事にも下積みの時代があるように、僕もそれをしておかないと長続きしない、プロとして通用しないと思いました。そこでシナリオ作家になるのは置いて、まずはどんな注文にも応えられるシナリオ技術者になろうと、日活と契約して歌謡映画ばかり書いたり、東映でポルノみたいなのを書いたりしてましたね。そこで力量を認められるようになった頃には、人間としての中身も少しは膨らんで、オリジナルで書きたいものが出てくるんじゃないかと。だから、僕が作家になったと言えるのは、50代後半から60代だと思います。

川村 今は自分も含め、自己表現を焦る傾向にあるような気がします。

倉本 それはそれで正しいんですよ。20代や30代なんて言ってみれば青春時代なわけで、僕だって自分なりの表現やオリジナリティにたどり着けていないにもかかわらず、破天荒に無鉄砲にやってました。ただ、本当に作品と言えるものはもっと先になるんじゃないかなとは常に思ってましたけどね。

利害関係がある人とだけつるんでも何も吸収できない

川村　『北の国から』は何歳のときの作品ですか？

倉本　46歳ですね。ただ、北海道を描くうえでベースになったのは、39歳で北海道に移ってすぐに暮らした札幌での2年半だったりもして、それがよかった。女房も東京に置いてきたし、僕は呑んべえだから毎日夕方から朝まで飲み続けて、めちゃくちゃな暮らしをしてました。付き合うのはやくざだ、右翼だ、ホステスだ……ですよ。

川村　まさにススキノに暮らしていた感じですね（笑）。

倉本　でも、そんな暮らしの中で、東京でちやほやされていた時代は業界の人間としか付き合っていなかったなと気づいたんです。そのことに愕然とした。利害関係がある人とだけつるんで、何をインプットできていて、どうしてものが書けていたんだろうって、急にものすごく不思議に思ったんですよ。

川村　なるほど。遊び倒した倉本さんもすごいけど、奥様の懐の深さもすごいなぁ

（笑）。

倉本　東京から「貯金が7万円しかなくなったけど、どうしよう」と連絡があったりしましたよ（笑）。

川村　その2年半がなければ、今書いていなかったみたいなところはありますか？

倉本　大いにあります。とにかく受信の時期でしたね。『北の国から』と同じ年に公開された『駅 STATION』という映画でもシナリオを書いてますけど、あれなんてまさに札幌で飲み歩きながら、ホステスさんたちから吸収した話がベースです。

川村　僕は小心者なので、もしも地方や海外に移住することがあったら、東京の流れから置いていかれてしまうんじゃないか、存在を忘れられてしまうんじゃないかと不安になると思います。けれど一方で、東京だけにいると、いわゆる同業の仲間と価値観が似てきてしまう。物事の正解、不正解が同一化してしまうことが気になっています。

倉本　そういう意味では僕は北海道に来てから、新聞を取ってないんです。新聞は字で出来事を解釈するから、記者の主観や論評が入るんですよ。事件が別の形でインプットされて、答えまで書かれちゃう感じがある。でも、テレビは画で見せてくれるから、正解を自分で考えて判断しなくちゃならない。

川村　いずれにしても北海道に住むというダイナミックな選択で正解を増やしたところに、僕の倉本さんへの尽きない興味の源流があります。
倉本　最初はやむを得ずという感じでしたけど、結果的にはＮＨＫのおかげです（笑）。

本当に言いたいことを伝えるための〝糖衣錠〟方式

川村　今回『北の国から』を頭から見直して、水が通ったとか電気がついたとか、些細なことにいちいち感動しました。でも、ここまでお話をうかがってきて、それはもともと東京人だった倉本さん自身の目線が介在しているからなのかなと思いました。
倉本　確かにほとんど自分で経験したことを書いています。丸太小屋も自分でつくってみて、シナリオにしている。さっき「贅沢になっていく東京が怖かった」と言いましたが、いつか本当に書きたいものは文明批評的な物語だという気持ちもあったんだと思います。
川村　実体験だけでなく、倉本さんの本質が投影されているから、『北の国から』は何度観ても感動するんだなぁ。

倉本　ただ、本当に書きたいものだからこそ、ストレートに伝えるんじゃなくて、ゲリラ的に出さないといけないとも思いました。具体的には〝糖衣錠〟という方法を思いついたんです。

川村　外側だけ甘くすると。

倉本　ええ。僕らの時代は学童疎開をしたときに甘いものが欲しくて、東京から糖衣錠を送ってもらって、周りの糖分で甘みを取ったんです。おやつ代わりにね。要するに本当に書きたい核の部分は苦いんだけど、外の部分だけ甘く見せることで、後でじわじわときいてくるという。

川村　確かに『北の国から』は、一見『大草原の小さな家』のような〝典型的な田舎のファミリードラマ〟にも見えますね。

倉本　そうなんです。つまり、シナリオを書くというのは、本当に書きたいことをどうごまかして書いていくかというゲリラ活動なんです。僕らは戦後にこの世界に入りましたけど、当時は左翼演劇が盛んだった。プロパガンダというか、メッセージ性が芝居に反映されすぎてて、「こんなに押しつけられるのはかなわん」と思って、僕も一度は言いたいことを言う作品から逃げていたんですね。でも、ある年になってくると、やっぱり自分が本当に言いたいことが出てくるから、そのときにどうオブラートに包んで投げ与えることができるかなんです。見終わって一カ月以上経ってから、薬がじわじわきいてくるくらいでもいいと思う。化学薬品の即効薬より、漢方が理想ですね。

川村　確かに、わかりやすいキャンディばかりで、中から苦みを感じるものは極端に減りましたね。

自分が何に感動していたのかを、ゼロに戻って考え直す

川村　最近、印象に残ったテレビドラマはありますか？

倉本　それが全然観てないんですよ。ただ、映画にしてもスティーヴン・スピルバーグみたいに面白さを追求するテクニックはものすごく発達したと思いますが、ウィリアム・ワイラー作品のようなハリウッド黄金期の感動につながるものはない気がします。やっぱり僕は感動がポイントだと思うんです。僕らの仕事は観る人の心を洗うことだから、どう感動を引き出すかにこだわらないと。だから、『北の国から』も結果的に21年間やりましたけど、書き始めたときに何に感動して、何が原点だったのかを、

海抜ゼロに戻って考え直すということを繰り返しました。

川村 何が原点だったんですか?

倉本 例えば「富良野《ふらの》塾」を始めて塾生と生活していると、ドラマと同じでいろいろな問題が起きてくる。一度、生活用水だった湧き水が枯れちゃったときなんて、もう大慌て。そこで、水がないと暮らせないという原点に気づくわけです。

川村 〝動物としての人間〟という原点。

倉本 そうです。だから性の問題にしても、動物としてのセックスというところに視点をもっていってドラマに植え替えてみると、新鮮なものが見つかる。

川村 まさに『北の国から』を見直していて思ったのは、あんなふうに生々しい性の匂いがするドラマが減ったなぁということでした。

倉本 セックスがゆがんできちゃったからでしょうね。特に日本は恥じらいの国だから、セックスを変に隠したがって性産業みたいなものが巨大化しちゃったけど、好きだったらぱっとやればいいのにという感じ。本来はもっと本能的で自然なものだと思うんですよ。おしっこや、うんこや、おならとあまり変わりないという気がするんですよね。

川村 『北の国から'87初恋』で純とれいちゃんが小さな小屋の中に入って裸で二人き

りになる……みたいなエロい感じも、今のテレビドラマは少なくなっちゃいましたね。ウケなくなったってことなんでしょうか？

倉本　あれは三島由紀夫の『潮騒』をもとにしてるんだけど、ウケなくなったってことじゃなくて、本当のエロティシズムとは何かって部分が、いつからか〝露出すればいい〟みたいに完全にパターンで捉えられてしまったからでしょう。

川村　テレビにあまりにそういうものがなくなっちゃったんで、僕は『モテキ』という映画で生々しいエロさみたいなことをやったんですけど、これが結構ヒットしまして、「なんだ、やっぱりみんな面白がるじゃん」って思ったんですよね。

倉本　川端康成の『雪国』で男が芸者の駒子に久しぶりに再会して「この指が覚えている」と言う台詞があるでしょう。あれも非常に話題になりましたけど、なんて色っぽいシーンだろうと思いませんか？　川端さんという人はだいたいエロいんです（笑）。

川村　さすがノーベル賞作家ですよね（笑）。

『北の国から』の名シーンにあるのは〝チック〟

川村　ちなみに『北の国から'84夏』では、丸太小屋が燃えたときに純が自分の罪を正吉のせいにして、それを悶々と抱えながら、やっと五郎に告白して詫びるシーンも印象的でした。ほとんどの人があれを言えないで終わっていくんだと思うんです。

倉本　あのシーンは、初めは純が罪を告白するだけで終わってたんですよ。ところが、どうも自分の中で〝チック〟がないという気がして、最後の最後でつけ足したのが、正吉を見送った後、ラーメン屋に入った五郎たちを店員の伊佐山ひろ子が「早く食べて帰って」と執拗に催促する部分なんです。

川村　五郎が「子どもがまだ食ってる途中でしょうが！」と怒鳴る名シーンですよね。ちなみに〝チック〟というのは……。

倉本　突発的に出てしまう人間のくせ、つまり人間のこだわりみたいなものですね。日本映画創成期の映画監督で知られるマキノ省三さんが「このシナリオにはドラマはあるけどチックがない」と言ったという有名な話があるんですが、僕は映画はドラマだという気がするんですよ。テレビはチック。映画を書くときはドラマの筋立ての大きなうねりが大事ですが、テレビではチックでうねらせることを必死に考えていて、それを書くことだけは若い頃から意識して専念してきた気もします。

川村　確かに倉本さんの作家としての特長は、そこに尽きますね。

倉本　本筋とは関係なくても、結局その人間が見えるシーンというのを、観ている人は覚えているものだと思うんです。飯を食べたり酒を飲みながら、ぱっとひらめいて箸袋の裏に書き留めたりということをよくしますね。

川村　いやぁ、いい話を聞いたなぁ。チックに人は感動するんだなぁ。

倉本　チックの一つの発見の仕方としては、人間の喜劇的な部分に目を向けるというのがあると思います。僕の今までの付き合いの中では勝新太郎とか、18代目中村勘三郎なんかまさにそういうところがあった。行きつけの飲み屋が一緒で時々会っていたんだけど、とにかく話が面白い。目のつけどころが全然違うんですよ。

川村　僕がそういうチックを発見することができるようになるには、まだまだ酒と遊びが足りないのかもしれません（笑）。

（2013年4月　北海道・富良野の富良野GROUP稽古場にて）

復習

「テレビドラマは〝チック〟だ」と倉本聰は言った。「物語」の上に、人間くさい不規則な言葉や行動、つまり「チック」が乗って初めてドラマが輝く。そしてそこに「感動」が生まれる。

ニッポン放送で働きながら、企画書をつくり、脚本を書き、テレビ局に何本も持ち込んだ。睡眠時間は2時間。それでも「世間から抜きん出るためにはどこかで無理をしないといけない」と信じてやり続けた。

39歳。キャリアの全盛期で大河ドラマを降板、北海道へ移住。大きな挫折だったはずだ。だが、そこで『北の国から』が誕生した。人生どう転ぶかわからない。だが予定調和を超えたところに感動はある。倉本聰の人生そのものが「チック」にあふれた素晴らしい「ドラマ」なのだ。

対談後、富良野の「Soh's BAR」でドラマから映画まで尽きない話で盛り上がり、気づくと天気予報では告げられていなかった雪が降り始めていた。しんしんと雪が降る夜の森に消えていく倉本聰の後ろ姿に、人生の不可思議さを感じた。予想外の雪がもたらした感動的なシーンだった。なんだか涙が出そうになって、僕は大きく息を吸い込んだ。空気は冷たく澄んでいて、心が優しく満たされていった。

秋元　康

時に判断を間違えるのは仕方ない。
大切なのは、間違いを元に戻す力だ。

秋元　康
Yasushi Akimoto

1958年	東京生まれ。
1975年	高校2年のとき、ラジオへの投稿がきっかけで放送作家に。以降、「ザ・ベストテン」など数々の番組構成を手がける。
1982年	稲垣潤一『ドラマティック・レイン』（作詞）発売。
1985年	おニャン子クラブ『セーラー服を脱がさないで』（作詞）発売。
1989年	ニューヨーク移住中に作詞した、美空ひばり『川の流れのように』発売。
1991年	松坂慶子、緒形拳出演による『グッバイ・ママ』で映画監督デビュー。
2003年	ホラー小説『着信アリ』出版。後に映画化、テレビドラマ化。
2005年	産経新聞に小説『象の背中』を連載、後に映画化。 京都造形芸術大学芸術学部教授に就任（2013年退任）。 アイドルグループAKB48がデビュー。
2007年	京都造形芸術大学の副学長に就任（2013年退任）。
2008年	ジェロ『海雪』（作詞、第41回日本作詩大賞受賞）発売。 AKB48の姉妹グループSKE48を立ち上げる。（後に2010年NMB48、2011年HKT48、2015年NGT48、2017年STU48）
2009年	AKB48とともに第51回日本レコード大賞・特別賞受賞。
2011年	乃木坂46誕生。 AKB48が『フライングゲット』（作詞）で第53回日本レコード大賞受賞。 インドネシア・ジャカルタでJKT48が発足するなど海外展開もスタート。
2012年	第54回日本レコード大賞・作詩賞受賞。
2013年	AKB48が歌う映画『シュガー・ラッシュ』の挿入歌で、第40回アニー賞長編アニメ部門音楽賞受賞。作詞家としてシングルの総売り上げ枚数が6850万枚を超え、それまで1位だった阿久悠氏を抜き歴代1位に。
2015年	欅坂46誕生。
2016年	東京藝術大学客員教授就任。
2017年	乃木坂46が『インフルエンサー』（作詞）で第59回日本レコード大賞受賞。

※上記は全仕事の一部です。

予習

1 嫉妬や悪意を、どう乗り越えていますか？

2 成功するのに不可欠な「プロデューサー的な感覚」とは？

3 やりたい仕事を見失わないために、何が大事ですか？

4 『川の流れのように』はいかにして生まれたのか？

5 海外に受け入れられる仕事とは、どんなものですか？

6 新しいことに挑戦する時間がない。どうすれば解決する？

7 失敗が怖いんですけど、どうしたらいいですか？

どんな仕事も〝キービジュアル〟がないとだめ

川村　秋元さんとお会いして話をしていると、必ず企画の話になりますね。

秋元　自分の中ではそれがいやなんだけどね。誰から頼まれているわけでもないのに、本屋さんで平積みになっている本を見ても、「この帯はないいんじゃない」とか、反射的に思っちゃう。もう趣味かもしれないね。川村くんもそういうの、あるでしょう?

川村　そうですね。だから映画を観るときは、逆に意識して素直に観るようにしています。そうしないと、自分の感動ですら、ここでこの音楽が入ってるからだとか、このカット割が効果的だからだとか考えてしまう。そうすると、どんどん観客の感覚とズレていくんじゃないかっていう恐怖があります。

秋元　そうそう。僕らが反省しなきゃいけないのは、いいものを見たときに、どうしても「うまい」と言っちゃうところ。でも、それは感動とは違うんだよね。

川村　何かをつくるときも「こうやればうまくいく」みたいな最短距離でつくろうとしてしまう危うさを感じていて、でも狙って回り道はできない。そこが難しいですね。

秋元　作詞なんかも同じで、ラブソングで「私はあなたが好きです」以上の歌詞はない。それを「この紙マッチが消えるまであなたを見ていたい」と表現して、頂上は一つしかないのに、どのルートから登るか、一生懸命回り道をするしかないんだよ。
川村　ただ、秋元さんの作詞は勝負どころが明確だなと思います。映画でも使う手法ですけど、クライマックスの前であえて停滞させたりする。段差の錯覚をつくることで最後を感動的にもっていく。そういうことを、歌詞で実践されていますよね。
秋元　映画にしても、監督や脚本家やプロデューサーなんかが、そのために映画をつくったっていうワンシーンがないといけないと思うんだよね。僕はそれをいつも会議とかで〝キービジュアル〟と表現しているんだけど、『卒業』なら、サイモン＆ガーファンクルの『ミセス・ロビンソン』が流れてくるダスティン・ホフマンがプールに飛び込むシーンがやりたくてつくったのかな、とか想像するんだよ。だから詞に関しても、キーになるようなサビが好きなんです。
川村　秋元さんの歌詞は強烈なワンフレーズがあるので、どれもサビで覚えています。
秋元　記憶に残る幕の内弁当はない、というのが僕の基本なんだよ。おかずがいっぱいあると絶対に覚えられない。
川村　『ヘビーローテーション』という言葉を歌詞にするなんて、どうやって思いついたんですか？

秋元　僕たちの頃は「ラジオのヘビーローテーション・ナンバー」みたいな使われ方だったのが、AKBの子たちの間では「今日の洋服、ヘビロテ」とか、「最近、パンケーキがヘビロテ」とか違う使われ方をされていて、それが頭にあったんだと思う。『フライングゲット』なんかもネット上やファンの人が「今日はフラゲ日だから、頑張ろう」とか言ってて、〝なんだ、フラゲ日って〟と思って調べたら、ゲームのソフトとか漫画とかを発売日前日にフライングでゲットすることだっていうから、面白いなと思ってた。基本的には自分の中に残っていることを引っぱり出してくる感じだよね。

川村　気になっていたフレーズを世の中に出すまでのスピードが速いのも、秋元さんの才能だと思います。『フライングゲット』なんかも、今歌詞にしたとしても、完全に遅いですもんね。

成功する人はプロデューサー的な感覚をもっている

川村　秋元さんはプロデューサーの脳みそと、クリエイターの脳みそを両方もっていて、そのバランスが異常にいい。〝フライングゲット〟というフレーズが気になっていて何とかしたいプロデューサーは意外といるかもしれませんけど、そこですぐ自分で歌詞が書けるというのは、なかなか類を見ない。そういうことができる人、今まで秋元さんの周りにいましたか？

秋元　どうだろう。ただ、成功している人にプロデューサー的な感覚がある人は多いと思う。日本だと〝プロデューサー的〟というのはあまりいい意味では使われないように感じるけど、例えば村上隆さんも昔のようにコツコツと芸術だけをやっていない感じがあるし、安藤忠雄さんや千住《せんじゅ》博さんと話をしていても、主観と客観のバランスがすごくいいと思う。

川村　そうなんですね。

秋元　本人が意識していない場合もあると思うけど、僕なんかはすごく意識している。つまり、プロデューサーの秋元康が作詞家の秋元康に発注しているんだよね。

川村　僕も小説を書いているときは、二重人格に苦しみました。

秋元　川村くんは切り離したほうがいいと思うよ。エンターテインメント小説を書くのであれば、川村元気が映画で培ってきたプロデューサー能力は大いに必要。だけど、ファンタジーとか芸術性をもったもの、あるいは純文学とかを書くなら、こうやれば大衆は喜ぶという感覚は捨てたほうがいい。ぶっつけ本番で書いたものに川村くんの血や何かが流れていて、そこに反応するのが小説家・川村元気のファンなんだって。

川村　秋元さんの仕事で、売れるとか売れないとかいうプロデュース脳はしまい込んで、感性で書いたものはありますか？

秋元　とんねるずの歌詞なんかは、割とそう。わからないだろうなってことをやるとか、たくらむことが好きなのかもしれない。『雨の西麻布』でも最後の〝双子のリリーズ〟なんて、まったく意味がない。でも、〝双子のリリーズ〟って言われると、なんか、面白いでしょう（笑）。

川村　確かに理屈を超えた面白さがありますね。

秋元　川村くんにも聞きたいのは、『告白』って映画が僕は大好きなんだけど、世の中的にはあんないやな気分になる映画は絶対に当たらないと思ってた。でも、ヒットしたでしょ。あれは当たるっていうプロデューサーとしての確信があったわけ？

川村　あの映画は2010年の公開なんですけど、当時は「笑って泣けるハッピーエンドの映画しか当たらない」というような業界のムードがありました。でも、世の中は不景気で、状況が全然よくなりそうもないムードが漂っていて、そうこうしているうちにリーマンショックが起きて、「こういう時代だからこそ、むしろ不安や悪意みたいなものにもっと突っ込んだ映画を、観客は観たいんじゃないか」という仮説を立てて動いたところはあったような気がします。

秋元　でも、どうして湊かなえさんの『告白』に行き着いたのかがよくわからない。ほかの作家でも同じような系譜のものはあるでしょ。

川村　僕、デビュー作が好きなんですよ。『告白』も湊さんのデビュー作なんですけど、ちょっと魂を捧げてる感じがして、それをいただくというのもあったと思います。

嫉妬も中傷も受け止めて、仕事でオセロをひっくり返す

川村　ところで、この企画では皆さんの若い頃の話を聞かせてもらっているんですが、秋元さんは大学時代からすでに放送作家として売れっ子で、スタートがとても早いですよね。例えば同世代や先輩とかからのやっかみもあったのでは？

秋元　毎日のようにテレビ番組のエンドロールに名前が出ていても、業界の人以外には、20代の頭くらいまではあまり気づかれていなかったと思う。作詞家として関わった稲垣潤一さんの『ドラマティック・レイン』が世に出たくらいに、構成をやってた

「ザ・ベストテン」のランキングに自分の曲が入ってきて、もしかしたらそのへんから、やっかみというより「なんなんだ、あいつは」と面白がられるようにはなっていったのかもしれないけど。でもさ、人の嫉妬はエネルギーになるんだ。もしそれが好物になってないなら、まだ若いよ（笑）。

川村　秋元さんは強いなあ……（笑）。

秋元　だって、ある程度の仕事をしている人は、誰だって陰でいろいろ言われてるんだよ。だから、中傷でも何でも全部受け止めて、何かの仕事で完全にオセロをひっくり返すまで闘うしかないわけ。

川村　秋元さんがオセロをひっくり返した仕事は、やっぱり美空ひばりさんの『川の流れのように』の作詞になりますよね。

秋元　そうかもしれないね。

川村　『川の流れのように』はどんな経緯から書くことになったんですか？

秋元　ひばりさんの所属していたコロムビアレコードのアイドルをプロデュースしていて、「今度は誰をプロデュースしたいですか？」と聞かれて、「せっかく作詞家という肩書きをいただいたんだから、日本一の歌姫・美空ひばりさんと仕事がしてみたい」ってぽろっと言ったら、ひばりさんに伝えてくれたの。だけど、準備しているうちにひばりさんが病に倒れられて、延期になっている間にニューヨークに住むようになって。

『川の流れのように』は開き直った海外生活で生まれた

川村　渡米は急に思い立ったんですか？

秋元　29歳のときに行ったんだけど、その1年くらい前から、出す曲もやる番組も当たるけれど根拠がないから、いつかメッキが剥がれるなと思い始めた。例えば放送作家になる勉強をしたとか、作詞家になる専門学校に通ったとかが何もなかったからね。勉強し直すつもりで行ったんです。

川村　ニューヨーク生活では何が収穫でしたか？

秋元　それが、結局はついてきた後輩とか日本人のスタッフと毎日のようにすき焼きを食べながら、ビデオ屋から借りてきた日本語の番組を観てるわけだから、何の成長もないわけ。僕がもっていたお金もみんなで使うから、あっという間になくなっちゃうし……。でも、そんな生活を1年くらいしてたら、ひばりさんが東京ドームで「不死鳥～翔ぶ!!新しき空に向かって」っていう復活コンサートをやることになって、結局日本に戻っちゃいましたね。

川村 じゃあ、『川の流れのように』は帰国後に書いたんですか？

秋元 いや、ニューヨークで。ひばりさんが活動を再開するってことになって、僕が「こういう曲をやりたい」と言っていたら日本から曲が上がってきたから、ソニーのウォークマンと原稿用紙を持って、よく通ってた「カフェ・ランターナ」に行ってね。今でも覚えてるんだけど、確か1行目に「川の流れのように」って書いた。だから、いろいろなインタビューで「モデルになったのは多摩川でも石狩川でもなくて、31丁目のレキシントンのマンションの近くにイーストリバーが流れていたので、それがやがて海に注いで日本につながってるんだろうなという望郷の念を書いたんです」とか説明してきたんだけど（笑）。

川村 もしもニューヨークに行っていなかったとして、『川の流れのように』が書けたと思います？

秋元 わからないけど、タイトルは違っていたかもしれないよね。ただ一つ言えるのは、ニューヨークでの時間は絶対に必要だったってこと。あそこで完全に開き直った感じがするんだ。何とかなるっていうのと、所詮だめだっていうのがわかった（笑）。

直近ではなく、20年後に何がやりたいかを見つめる

川村　右肩上がりできて「やばい」と気づくことはできても、渦の中心から脱出してニューヨークで生活をすることに不安はなかったですか？　今の仕事を手放すのが名残惜しかったり、戻ってきたときに自分がやるべき仕事をほかの人がやっていることを想像して悔しいとか。

秋元　でも、どこかで渦の中から抜けたほうがいいよ。直近ではなくて、20年経ったときに自分がやりたいと思っていたことを人にやられていたら、そのほうが取り返しがつかない感じがする。僕が学生なのに放送作家、放送作家なのに作詞家、作詞家なのに映画もつくる、映画もつくるけどコマーシャルもつくる……って目まぐるしく動いてきたのは、自分が自分に飽きてやりたいことを見失わないように、いくつものドアを開けておきたいっていうのがあったと思うんだよ。川村くんもその才能をもっと磨くためには、違うシチュエーションをつくらないといかんね。

川村　そこの可能性はもっていたいとは思っています。

秋元　賢人はみんな、「もうここで勝ち続けていてもしょうがない」って、どこかでいったん日本を抜け出してるよね。川村くんなら、ハリウッドじゃなくて、あえてインド映画をこっそり学びに行くくらいのほうが面白いんじゃない？

川村　確かにハリウッドよりも、あえてボリウッドのほうがかっこいい（笑）。

秋元　あと、僕なんかはもう川村くんとか鈴木おさむとか小山薫堂とかを応援したいというか、自分が闘ってきたぶん、彼らを外敵から守る翁みたいなところにいきたいんだけど、もしも何かやるんだったら初めから鳴り物入りじゃなくて、気配を消してやりたいよね。だって、ずっと〝川村元気の次回プロデュース作〟と前置きされるのはきついでしょ。例えばインド映画がカンヌ映画祭でパルム・ドールを取って、最後に〝GENKI KAWAMURA〟ってクレジットが入ってて、「あの川村さん？」っていうのが絶対かっこいいよ。

川村　それでいきます（笑）。

エンターテインメントにも知性や深さが必要

川村　ただ、物理的に忙しいと目の前の仕事に追われて、新しいものに手を伸ばしづらくなってきませんか？

秋元　寝なければいいんだよ。

川村　うわ〜、その結論かぁ（笑）。

秋元　それしかないよ。単純に睡眠時間を3〜4時間にすればいい。

川村　やっぱり30代とか40代の頃は寝ないでやってました？

秋元　寝なかったね。3日間寝ないと人間は方向感覚がなくなるってことを学んだ。立ち上がったときに出口がどっちかわからなくなるんだよ。

川村　でも、秋元さんと話していると、いつも、たくさん本を読んでるし、映画も相当観ている。「そういう時間をどうやってつくってるんだろう」と、ずっと不思議でした。

秋元　それはもう、いまだに朝6時とか7時に締め切りの仕事が終わって、それから2時間映画を観たりして、9時から寝るとかだよ。

川村　はーっ。

秋元　でも、所詮そんな程度だよ。よく、まかり間違って文化人とかって紹介されるとすごく恥ずかしいのは、僕にとっての文化人は美輪明宏さんなわけ。あんなに博識でセンスのある方はなかなかいないよ。銀巴里《ぎんぱり》で働いてたときのエピソードがもうすごいでしょ。「江戸川先生が『君を切ったら何色の血が出るだろうね』っておっしゃったので、私は『七色の血でございますよ』と答えましたのよ」って。江戸川先生って江戸川乱歩《らんぽ》ですか、みたいな。

川村　ぐうの音も出ないですよね。

秋元　つまり文学とか建築とか、芸術ってそういうものなんだよ。銀巴里なんかで語られていた知識って、例え話にしても、きっとすごいものがあったと思う。だから、今のエンターテインメントにしても、何かそういう深さがなきゃいけないと思うんだけど、もう昔には勝てないなって感じもある。

川村　それはこれからの秋元さんが挑戦してみたいことでもあるんでしょうか？

秋元　まったくやりたいことじゃないね。だから、俺は川村くんの翁になりたいんだってば（笑）。

日本でも海外でもやっぱり〝見たことがないもの〟が強い

川村　秋元さんとは、海外に受け入れられる日本のエンターテインメントについても話をしたいんです。僕は自国のものを掘り下げた〝スーパードメスティック〟で勝負するしかないと思っているんですけど、AKB48も日本の秋葉原とかアイドルとかを掘っていった結果、逆に海外にウケた部分がありますよね。

秋元　その年で気づいたのは早かったよな。僕は55歳になるけど、17歳から仕事を始めて38年間もかかって気づいたことは、まさにそれだよ。今までの自分の仕事も欧米に影響を受け続けてきたし、お笑いならハリウッドのザッカー兄弟やメル・ブルックスみたいなコントをつくりたかったけど、あれこれ真似しても絶対に勝てなかったよね。スタジオジブリの宮崎駿さんや高畑勲さんたちは、ディズニーの真似をしようとしないでしょ。

川村　ディズニーがやらないし、できないことで勝負してきましたよね。

秋元　だから、AKBもまだ海外に行く可能性があるかなぁと思うのは、ニューヨークでもロスでも、ライブをやると最初の3、4曲までは観客はみんな目が点になるんだよ。だって、彼らはあんなに歌もダンスも下手な子たちを見たことがない（笑）。でも、そのうち女の子たちが汗をかいて一生懸命やっている姿に、だんだん盛り上がってくる。もう、これしかないなと思うわけ。歌手のアデルみたいなのがいる限り、日本で多少歌のうまいやつがネイティブでもないのに英語の先生をつけて一生懸命歌ったって、勝てないよ。

川村　ＡＫＢの場合はそこに密着型のファンの応援という独特な要素も入ってきますよね。

秋元　やっぱり見たことがないものが強いんだと思うね。

川村　でも、韓流とかはダンスも歌もうまいし、スタイルもいいし、完成されきった状態で輸入されてくるじゃないですか。日本のアイドル文化、特に秋元さんの仕事は、個々の弱点とか欠点を活かしてつくられている印象があります。

秋元　そうかもね。

川村　そこは狙ってやってるんですか？

秋元　自分でもわからなくなる。狙ってたんだか、本当に歌がうまいやつがいなかったんだか、どっちだっけなって（笑）。

たとえ間違っても、戻ってくる力さえ磨いておけばいい

川村　秋元さんは自分から仕掛けた仕事と受け仕事、どっちが多いですか？

秋元　両方ともあるけど、よく若者たちに言うのは「受け仕事だけになるな」ということ。過去の遺産で、目をつむってでもできるようになると、仕事なんて面白くないんだよ。連鎖を断たないと。僕にしてもAKBが当たればアイドルの話、『川の流れのように』が当たれば演歌の話ばかりがくる。つまり、秋元康にこんなことをやらせたら面白い、なんてことを考えてくれる人は誰もいない。

川村　わかります。

秋元　例えば川村元気にすごいプロデューサーがついていて「うちの川村に、今、建築やらせてるんですよ。沼津に銭湯をつくってるんです」って言うなら俺は驚くよね。なんかそのほうがわくわくするじゃん。

川村　それはそれで突拍子もなさすぎますけど（笑）、要するに、自分の成功体験をどう捨てていくかが大事ということですね。

秋元　でも川村くんみたく若い頃から当てていると、全勝したくなるだろう？

川村　僕は「なるべく負けたくない」って言い方をしてますが……。

秋元　それはあぶないな。どんどん線が細くなる。ボクシングの殴り合いもそうだけど、脇腹くらい打たせておかないといくつ命があっても足りないし、いかに負けるかも大事。だから、今の川村くんに必要なのは、レジェンドになるような失敗作しかないいね（笑）。

川村　それはヤダなぁ（笑）。

秋元　僕が55年生きてきて思うのは、二つの道があったとして、慎重に、間違っちゃいけないと思って選んだ道でも、人間は間違えてしまうもの。常に正解のほうになんか進めないいんだよ。だから、間違った道を行っても、戻ってくる力さえ磨いておけばいい。間違いとか失敗とか全然関係ないって感じで、何度でも甦ってきて、たまに「やっぱりアイツの右ストレートはすごい」っていう仕事をするやつが、最もクリエイティブだよね。

（2013年6月　東京・青山のリストランテ イル デジデリオにて）

復習

「前へ進め！　川を渡れ！」

名曲『RIVER』でAKB48は叫ぶ。

29歳。キャリア全盛期に東京を飛び出し移り住んだニューヨークで『川の流れのように』と書いた秋元康は、それからずっと川を渡り、前へ進んできた。

テレビ、音楽、映画、ゲーム、小説、アイドル。一本気な職人気質が尊ばれるこの国において、すべてに挑戦してきた。

「秋元康にこんなことをやらせたら面白い、なんてことを考えてくれる人は誰もいない」と言う。それはきっと僕らも同じだ。いつだって「前へ進み」「川を渡る」ことを迫られている。

「慎重に、間違っちゃいけないと思って選んだ道でも、人間は間違えてしまうもの。だから、間違った道を行っても、戻ってくる力さえ磨いておけばいい」秋元康は対談中繰り返した。

「前へ進め！　川を渡れ！　戻ってくる道はある！」

その言葉はどこまでも熱く、力強い。

そう、確かに。

戻ってくる力さえあれば、僕らはどこにでも行けるのだ。

宮崎　駿

何でも自分の肉眼で見る時間を取っておく。
作品を観ることと、物を見ることは違うんです。

宮崎　駿

Hayao Miyazaki

1941年　東京生まれ。
1959年　学習院大学政治経済学部入学。
1963年　東映動画に入社。
1971年　Aプロダクションに移籍。
1974年　場面設定・画面構成を担当したテレビアニメ『アルプスの少女ハイジ』放送。
1979年　テレコム・アニメーションフィルムに移籍。映画『ルパン三世 カリオストロの城』で劇場監督デビュー。
1982年　鈴木敏夫が編集長を務めていた月刊アニメ雑誌『アニメージュ』で漫画『風の谷のナウシカ』連載開始。
1984年　『風の谷のナウシカ』公開。
1985年　スタジオジブリ設立に参加。
1986年　『天空の城ラピュタ』公開。
1988年　『となりのトトロ』公開。
1989年　『魔女の宅急便』公開。
1992年　『紅の豚』公開。
1997年　『もののけ姫』公開。
2001年　『千と千尋の神隠し』公開。米国アカデミー賞長編アニメーション映画部門賞、ベルリン国際映画祭金熊賞受賞。
2004年　『ハウルの動く城』公開。
2008年　『崖の上のポニョ』公開。
2013年　模型雑誌『モデルグラフィックス』で連載していた漫画を原作とする『風立ちぬ』公開。
長編映画からの引退を発表。
2014年　米国アカデミー賞名誉賞受賞。
2017年　長編アニメーション『君たちはどう生きるか』の製作と再始動を発表。
2018年　原作・脚本・監督を手掛けた三鷹の森ジブリ美術館オリジナルの短編アニメーション『毛虫のボロ』上映。

※上記は全仕事の一部です。

予習

1 日常の景色の何を見て、何を感じていますか？

2 自分の仕事に感動することはありますか？

3 『トトロ』『千尋』『風立ちぬ』。独創的なアイデアの源流は？

4 震災の瞬間、何を見ていましたか？

5 日本とはどういう国だと思いますか？

6 20世紀と21世紀の物づくりの違いは何ですか？

7 本当に引退してしまうのですか？

長編引退作にして初めて自分の作品に涙した理由

川村　まずは長編映画引退作となった『風立ちぬ』のお話から聞かせてください。監督がご自分の作品を観て、初めて泣かれた作品だと聞きました。

宮崎　まぁ、そうです。

川村　僕も、ラストシーンで涙が止まりませんでした。真面目に生きている大人に向けた映画だなと思いました。監督が初めて泣いたということは、逆に今までの作品は客観的に観られなかったとか、何か理由があったのでしょうか？

宮崎　単純にみっともないですからね。0号（※最初の内部試写）の段階でも通して観ているんですが、細部をいろいろ気にしているので、映画の全体をつかまえきれなかったんです。それで、2日後に初号（※最終修正を施した完成品）を観ましたら、初めて映画としてまとまって観ることができて、不覚にも不覚なことになってしまって。以前から絵コンテを切っていて涙が出てきたとかはいくらでもある人間なんですが、今回はなんか、あふれてくるんですよ。「俺は何を隠して生きてきたんだろう。隠してきたものを出したから、あふれるものがあるのかな」とか思ったりね。ちょっと度がすぎる。それだけ琴線に触れる部分でやったんだろうと思います。それにしても、かっこ悪い（笑）。

川村　僕はまさにむき出しの宮崎監督に触れた気がしてうれしかったです。

宮崎　こういうジャンルや分野に関して、僕はやらないできましたからね。飛行機の映画はつくったことはありますけど、不良中年が出ていて、気炎を上げるという冗談のようなものですから。

川村　人間でなく、豚（※『紅の豚』）でしたしね（笑）。

宮崎　ええ。そういうのだったら気がラクなんですけど、子どものときから感じてきたものに、あからさまに触れてしまった。それがちょっと過剰な反応になりました。

川村　映画では、零戦の設計者である主人公の堀越二郎が、イタリアの飛行機設計者として世界的に知られたジャンニ・カプローニと夢の中で何度も対話しますよね。ご自身にとっても夢で出会うような憧れの設計者はいたのでしょうか？

宮崎　いや、飛行機づくりは初めから断念していましたから。

川村　興味があるのはあくまで飛行機や戦闘機自体ということなんですね。

宮崎　１９２０年代から30年代半ばまでの飛行機です。その10数年間につくられた飛行機に、もう60年くらい興味をもち続けている。堀越二郎については、飛行機マニアとか戦記物のおたくに好きなように扱われていて不愉快な気持ちがあったので、本来の人物像を取り戻さなきゃいけないと思っていました。

川村　なるほど。

宮崎　ただ、堀越二郎そのものを取り戻すのは不可能で、というのも、本人が文章のようなものを潔く残していない。またはドキュメントとして書かれたものでも、零戦をどうやってつくったかということが中心なのであんまり興味がなかった。でも、堀越二郎という人はほかの国と比較したときの日本の戦闘機のエンジンの非力さについてとやかく言いたい気持ちがあっても、黙ってつくり続けたんです。ジェットエンジンがあったら、あっという間に美しいジェット機をつくった人です。

川村　美しい飛行機をつくりたかった人が、兵器をつくってしまうという……。

宮崎　兵器であることがわかっていても、設計者は美しいものをつくりたいといつも思っているものだし、そうでないとだめだと思います。特に日本の技術者にとって飛行機をつくるチャンスはそんなになかったですから、全力を挙げて、本当の機能を追求していけば美しいものになるというのは、一種の信仰のようにみんなの中にあったことは確かだと思いますよ。

チャンスがきたら、全力を尽くすのは当たり前

川村　映画を観て、堀越二郎にとっての飛行機と宮崎監督にとっての映画を重ねてしまう人は少なくないような気もしました。

宮崎　そういうことはいっさい考えません。その仕事を選んでチャンスがきたときに、全力を尽くすのは当たり前のことですから。そういう意味では、昭和の初めから戦争が終わるまでの20年間に、志して、勉強をして、それが空襲ですべて燃えてしまうという時代を生きた人間たちが好きで、堀越二郎と全然ジャンルは違うのに、堀辰雄という作家も僕はとても好きなんです。だから、『風立ちぬ』でも、勝手に堀辰雄を読み、堀越二郎の飛行機のことを考えているうちに、一人の人物になってしまった。

川村　そこは、不思議な結合ですよね。

宮崎　堀辰雄という人は結核もちで、作品をもうひと押し書きたいのに、体力がなくて喀血《かっけつ》してしまったりする。ただ、そうやって書いた短い作品の中にも、戦争というものをどう見ていて、その後の人類の運命をどう考えていたかというのは、堀越二郎

が非力なエンジンに対して文句一つ言わなかったのと同じで、強靭《きょうじん》なまでに隠されている。彼の全集なんかを読んでいて、それはちょっと胸を打たれるくらいの思いが何度かありました。立派な人だなと。それで堀越二郎の無念と混ざってしまったんです。ちょうどどっちも「堀」がついてるから、いいやと思って(笑)。要するに、二人をモデルに激動の20年間を生きた人たちを描きたい。そんな時代に、最も才能がありながら、最も誠実に生きた人たちを描きたい。そういうふうに思ったんです。

合理的なところを乗り越えた先に人生が拓ける

川村 印象的だったのは、堀越二郎の奥さんで、結核を患っている菜穂子が、自分の先が短いことを悟ってか、隔離された山の診療所から二郎の住んでいる街に下りてきてしまうシーンです。そのときに二郎は「僕たちには時間がないから」と言って、菜穂子を引き受けますよね。

宮崎 堀辰雄の代表作である『菜穂子』という小説でも結核を患っているヒロインが病院から亭主を訪ねてくるくだりがあるんですけど、小説のほうは心が通わなかったってところで終わってます。

川村　さきほど宮崎監督が〝誠実に生きた人たちを描きたい〟とおっしゃっていましたけど、映画ではまさに小説のオチとは違う、男としての正義の示し方がすごく新鮮でした。大事を取って山の中に置いておけというのが今の正義だとしたら、あそこで無理してでも一緒に住む正義に胸を打たれたというか。

宮崎　そうですね。山の病院に置きっぱなしにしておいて、自分は飛行機をつくるしかないというのがいちばんありふれていて合理的に思えるけど、どっちで暮らしても菜穂子に残された時間はさほど変わらないのであれば、出てきた彼女に「お前、病院に帰れ」と言えるかって話です。だったら、ここで一緒に暮らすしかないという、それくらいの決断力をもってないと、飛行機なんかつくれないんじゃないかと。

川村　さらにその後、いよいよ死期を悟った菜穂子は、二郎には何も言わず、一人で山に帰っていきます。あそこが僕にとっての感動のピークで、菜穂子の正義でもあったと思います。

宮崎　あのシーンもずいぶんと悩みました。女性として飛行機とかかずらっていかなきゃいけない男を引きずり込んでいいのかということも含めて、痛みを露《あら》わにしながら好きな人の目の前で死んでいく姿を見せたくないという気持ちはわかる。けれど、そこを乗り越えた先に人生が拓《ひら》けることもあるのも本当だろうと。ただ、現代に置き換えると簡単に結論が出てしまうんです。今の人間はいちばんだらしない道を選ぶ。

川村　そうなのかもしれません。

宮崎　ずいぶん前の話ですが、若い連中が騒いでいた映画があって、死に瀕している恋人を病院から連れ出すんですよ。それで、連れ出すまではよかったんだけど、その娘が気息奄々《きそくえんえん》となってきたら、慌てて救急車を呼ぶんです。僕はその展開に頭にきて「そこで死を看取れ」と意見したら、若者たちから総スカンを喰らいました。だって、もしも発作が起こって死んでも、自分の腕の中で死なせてやるというくらいの覚悟がなかったら、そもそも男のやるべきことじゃない。そこにあるヒューマニズムが僕にはよくわかりませんでしたね。

川村　戦前には今とは真逆の正義をもった人が実際にいて、『風立ちぬ』でも、夫婦の選択が今の一般常識の反対をいっていたからこそ、感動したのかなとも感じました。

宮崎　それだけ好きだったんだということだと思いますよ。

川村　でも、それを声高に映画で言うのは、なかなか勇気がいることなのかなと。

宮崎　勇気というよりは、菜穂子のことを医者が取り囲んでて、飛行機をつくらないといけない男やみんなが表で臨終を待っているとかいう、単にくだらない、引き裂かれただけの話にはしたくなかったんです。「菜穂子を引き受けるのはエゴイズムじゃないのか」みたいなことを言って反対していた周りも、二郎の揺らがない気持ちを聞いて、わかったと気持ちを切り替えることができる。そんな人間ばかりを集めてつくったので、潔い映画になるんです。

川村　映画には描かれていませんが、宮崎監督の中では、菜穂子はどういう死に方をしたと思っているんですか？

宮崎　たぶん山に帰ろうとして駅にたどり着く前に倒れてしまって、担架がきて病院に運ばれる途中に死んじゃうか、着いた途端に死んじゃうか、山に帰る汽車の中で死んじゃうかということだろうと思います。

川村　やっぱり、そうなんだ。いや、また泣きそうだな。

今この瞬間も何に向かって転がり落ちているかわからない

川村　『風立ちぬ』は零戦の話なのに、戦争のシーンがまったくないですね。

宮崎　そこは全部なしにしました。戦争のシーンは、堀越二郎のような技術屋たちは見ていないですから。町外れの埋め立て地にある飛行機の製作工場で軍隊は行進なんかしませんから、見えない。つまり、今、この僕らの瞬間も何に向かって転がり落ちているかわからない。

川村　戦争そのものも、いつだって大衆にはわからないうちに始まるものだとよく言われますね。

宮崎　僕の父親なんかも、堀越二郎や堀辰雄に比べるとちょっと若いですけど、戦時中のことを聞くと「いや、いい時代だったよ」と言うだけでしたよ。社会の中に享楽的な部分ははっきりありましたし、遊び歩いている親父だったから。

川村　そこは映画を観ていて強く感じた部分でした。日本人はすぐセピアで昭和を見てしまうのに、街も色も美しくて、こんなにエネルギッシュだったのかと。

宮崎　ええ。だって、本当にきれいですから。今でも飛行機でヨーロッパやアメリカなんかから帰ってきて成田に降りるとき、雲からぱっと出ると一面が緑で息をのむほどです。こんなに緑色の美しい国は、僕はほかに見たことがないですね。だから、セピアじゃないんです。だけど、よく見ると白い倉庫や、道路や、電信柱の列があって、降りれば降りるほどがっかりする。ですから、もう実写では下界は撮れないです。今のみすぼらしい世界では。

地震の最中というのは、実際は静かなもの

川村　関東大震災のシーンにも非常にリアリティを感じました。

宮崎　これも自分の親父なんかから聞いたことなんですけど、汽車もひっくり返らなかったし建物もそんなに倒れなかったけれど、火事ですべてがなくなってしまったと。両国の叔父は町工場をやってたんですけど、火事がくるまで少し時間があるから使用人と家族に「握り飯を山のようにつくって、腹いっぱい食え。それと足袋裸足《たびはだし》になれ」と言ったらしいです。

川村　逃げまわるのに体力がいるのと、下駄だと脱げちゃって怪我をしてしまうからでしょうね。

宮崎　親父はよく「足袋裸足のおかげで助かった」と言ってましたけど、そういういろんなことを集めて、パニック映画ではない地震を、本当の地震がきた感じを描こうと思いました。偶然にも絵コンテが終わったところで、本物の地震（※東日本大震災）もきちゃって。僕は一人で仕事場にいてひっくり返って寝ていたんですが、これは大

きいやと思って窓から外を見ていたんだけど、何も起こらない。煙も立たなきゃ、鳥が鳴くわけでもなく、しーんとしてるんですよ。だから、地震の最中というのは静かなものなんだなと思いましたね。で、収まったなと思った頃に、隣にある保育園の子どもたちのざわめきが聞こえてきたんですけど、阪神・淡路大震災に遭った人たちに話を聞いても、「我に返ったときに、初めて赤ちゃんや犬の鳴き声が聞こえてきた。それまでは音の記憶がない」と言っていました。

川村　ここまで話を聞いてきて思うのは、宮崎監督は自分の目で見て、感じたものだけを信用して物づくりをしているということです。戦争のシーンが最後まで見えてこないというのは、『風立ちぬ』を観ている間、実はずっと不気味でした。

宮崎　努力もしてみたんですが、そういうカットを入れた途端に嘘くさくなる。あと、今までつくられてきた戦争のドキュメントにたちまち飲み込まれてしまいますから。

20世紀と21世紀に描かれたものは意味が違う

川村　ちなみに、堀越二郎の声に庵野秀明監督を起用したことも話題になりましたが、宮崎監督のアイデアですか？

宮崎　一応オーディションをやったんですが、アテレコに慣れすぎて声に日常性を失っている人ばかりで「だめだこりゃ」って。そこで、僕の知っている範疇でいちばん正直にしゃべっているのはあいつだなと。ほとんど同時にプロデューサーの鈴木敏夫さんと「庵野だ！」ってことになって、本人に声をかけたら、ひょいひょいと乗ってきたんですね。試しにしゃべらせてみたら、ちょっと問題はありそうだけど、上手い下手はどうでもいいんだと。それでやろうということになった。

川村　庵野さんの声の何が決め手になったんですか？

宮崎　彼の声というより、これはちょっと僕の思い込みも入ってますけど、彼そのものが痛ましいほど正直な生き方をしてる。だから、台詞をしゃべらせても純度が全然違う。すっきりしていて、普通の青年の声になるんです。要するに、作品によってどこにどう問題意識をもつかということです。

川村　庵野さんといえば、20代の頃、宮崎監督の『風の谷のナウシカ』の作画スタッフに応募して採用された話が有名ですが、最近、口癖のように「『ナウシカ』をやりたい」と言っていると、鈴木敏夫プロデューサーから聞きました。

宮崎　ええ。だから、この間「やっていい」と言っちゃいました。あと「原作どおりにやろうなんて思わないほうがいいぞ」って。それは本当に困難な道ですから。

川村　宮崎さんが40代の頃、30年前に描いた作品を庵野さんにやりたいと言われるのは、どういう気分ですか？

宮崎　庵野に「僕はもう『ナウシカ』をやらないからやっていいよ」と言ったのは、あの頃描いたような思いを込めて『ナウシカ』を描くことは、今の僕にはもうできないからです。そういう少女がいて、いろんなことをひっくり返したり、はるかな旅をしながら本質に迫っていくような映画を、この21世紀になって本当にくだらなくなってきた世の中でつくれるのかというのがいちばん大きいんですよ。20世紀は終末だとかいっても、どこかで甘美なものがあった。横で浮かれてるやつがいっぱいいるから、「ざまあみろ」という感じで終末を語ることができたんです。でも、今はそのへんの女の子までが「前途は暗いんでしょうか」と言ってくる。「健康で一生懸命働きゃ大丈夫だよ。あっという間に年をとるから」と言っていますけど、慰めにならないらしくて。つまり、20世紀に描かれたものと、21世紀に描かれたものは意味が違うんだと思います。その壁を庵野が超えていけるのかどうかということです。

川村　監督は若い頃につくり続けることが不安になったりしましたか？

宮崎　不安はいっぱいありましたし、今もありますよ。健康面でいえば、『千と千尋の神隠し』の原画チェックが終わった2日後くらいに、半日ほど全健忘症になったことがありました。映画が一本終わると必ず何かあるんです。『もののけ姫』のときはこれからキャンペーンに行くというときに、低い段差でひっくり返って捻挫をやりました。でも、バキッとくるぶしが鳴ったときに、「あ、抜けた」と思いました。何かたまっていたものが抜けたってね。ほかにも歯に穴が開いたり、いろいろです。

川村　それだけ作品ごとに、ご自身を追い込まれてるんですね。ギリギリまで。

宮崎　追い込まれますね。でも、堀越二郎や堀辰雄は、もっと追い込んでいたでしょう。『風立ちぬ』の中でも出てくる台詞ですが、「力を尽くしてこれをなせ」というのは、どんなジャンルの仕事でも当てはまると思います。

作品を観ることと、肉眼で物を見ることとは違う

川村　最近の若いアニメーターも力を尽くしていると感じますか？

宮崎　力は尽くしてますけど、才能があるかないかは、また別の問題ですから。描けないやつは描けない。

川村　厳しいなぁ（笑）。

宮崎　ただ、『風立ちぬ』では若いスタッフがとてもよくやってくれました。震災の中のぐちゃぐちゃしたカットとか面倒くさいところを文句も言わずに。それが映画に緊張感を残してくれたと思うんです。僕なんかが考えているよりももっと高い密度で、物を考えてやり続けるという努力をしてくれました。

川村　監督は若かった頃のご自身の映画を観直されたりはしますか？

宮崎　そんなもの、観直しませんよ。自分の作品以外で、試写なんかでたまに観なきゃいけないものでも、最後まで観ないで出てくることが少なくないです。テレビもまったく観ません。

川村　どうしてですか？

宮崎　だいたい物を見る能力が落ちてきてますから、何でも自分の肉眼で見る時間を取っておいたほうがいい。毎日やることは決まっていて、朝は近所のゴミ拾いをして、近くにコーヒーを飲みに行って、家に戻って飯を食って出てくるんですけど、車を運転しながら家と仕事場を行き来する間に見える風景の変化が、僕にとっては大事なんです。四季の移り変わりだけでなく、どこかに経済状況の反映がないかなとか、この人はスカートをはき忘れたのか、それともこれがファッションなのかな、職業は何なのかなとか……ことごとくわからない。作品を観ることと、物を見ることは違うんです。

本当に、引退なのか？

川村 映画に関してですが、若い頃はそれでも観てらっしゃったと思うんですが。

宮崎 30代は観てましたね。タイトルは忘れたけど、モノクロ時代の日本の映画はいろいろ観た気がします。40代になると、テレビでやるのだけは観てましたけど、観た瞬間にわかるんですよ。「これは『ミツバチのささやき』だな」って。

川村 ああ、ビクトル・エリセの作品だと。

宮崎 映画って途中から観てもわかるものでしょ。「これはアンドレイ・タルコフスキーの映画だな、すげぇ」とか。でも、全部観ないで寝よう、明日仕事があるからって感じでした（笑）。

川村 確かに僕たちは作品化されたものを観すぎているのかもしれないですね。もしくは人が切り取った風景で、見たような気持ちになってしまっている。

宮崎　いや、単純に僕の体力や集中力からすると、映画やドラマを観る能力がないだけです。うちのテレビは小さいんですよ。そこに字が出てくると読めない。だから、まことに時代遅れで生きてます。

川村　でもそのぶん、たくさん〝物を見て〟いるんですよね。その視点が貫かれた『風立ちぬ』は本当に感動的でした。

宮崎　さんざんやってきた挙げ句、「『風立ちぬ』より、初期の『パンダコパンダ』が好きです」と言われても、ものすごくがっかりしますけどね。

川村　あまりに素晴らしかったので、僕としては宮崎監督はまだまだつくり続けると信じています。

宮崎　それはまた別の話になってきます。それにインタビューに来る人は悪いことは言わないから（笑）。

川村　でも、待っているのは僕らの自由ですよね（笑）。

（2013年7月　東京・小金井の宮崎駿アトリエにて）

復習

自分の肉眼で見て、感じたものを頼りに映画をつくる。リアリティのために嘘を積み重ねる現代において、宮崎駿の徹底したリアリズムは、もはやファンタジーなのかもしれない。

道ゆく人を一人一人つぶさに観察する。アトリエの隣の保育園で子どもたちを眺める。大震災の最中に窓の外の静まり返った街並みを一人で見つめる。スタジオにこもり朝から晩まで絵を描く。直す。また描く。

「作品を観ることと、物を見ることは違うんです」と言う。

作品化されたものや、フレームに切り取られたものを疑うその姿勢は、自分の作品にも向けられる。そして、オリジナリティあふれる傑作を生み出し続けてきた。

別れ際。「じゃあ」とそっけなく言うと、宮崎駿は背中を向けて薪を割り始めた。アトリエの外で、一人で黙々と斧を振り下ろし続けた。

「気持ちよく割れるときと、だめなときがある」

背中越しに声が聞こえた。その言葉が、人間の生理や快感性を追求する映画づくりを象徴している気がした。

その手が感じているであろうリアルな痛みや、気持ちよさに近づきたくて、僕はその後ろ姿を見つめ続けた。

糸井重里

仕事は人間の一部分でしかない。
だから、どうやって生きていくかを面白くやれ。

糸井重里

Shigesato Itoi

1948年　群馬県前橋市生まれ。
1966年　法政大学文学部入学。
1971年　コピーライターとしてデビュー。
1975年　TCC(東京コピーライターズクラブ)新人賞受賞。
1979年　沢田研二の『TOKIO』の作詞を担当。以降、矢沢永吉、矢野顕子など多くのアーティストの作詞を担当。
1980年　西武百貨店の広告コピー『じぶん、新発見。』発表。
1981年　西武百貨店の広告コピー『不思議、大好き。』発表。
1982年　西武百貨店の広告コピー『おいしい生活。』発表。
1988年　映画『となりのトトロ』のコピーを担当。以来、スタジオジブリ作品のコピーを数多く手がける。
日産自動車セフィーロの広告コピー『くうねるあそぶ。』発表。
1989年　任天堂と開発、ゲームデザインを手がけた『MOTHER』発売。
1998年　インターネット上に『ほぼ日刊イトイ新聞』開設。
2009年　第1回伊丹十三賞受賞。
2012年　東京糸井重里事務所としてポーター賞受賞。
2015年　『ほぼ日刊イトイ新聞』のコンテンツ作りを伝える「ほぼ日の塾」開講。
2016年　社名を東京糸井重里事務所から、株式会社ほぼ日に変更。
2017年　東証ジャスダック市場に上場。
2018年　古典をテーマとして学ぶ「ほぼ日の学校」開校。

※上記は全仕事の一部です。

予習

1 「作品」と「商品」の違いとは何ですか？

2 『おいしい生活。』『生きろ。』、傑作コピーのつくり方とは？

3 「ショートケーキにイチゴをのせる仕事」とは？

4 仕事がしんどくなったら、どうすればよいですか？

5 『ほぼ日』15年。今後ネットはどうなっていきますか？

6 どうやったら一緒に働く人を、信じることができますか？

7 楽しく働くコツを教えてもらえますか？

「作品」で満足するのではなく「商品」にして満足する

糸井　以前に一度お会いしたときに「またお会いしそうだ」と思っていたんですが、こういう会い方もありましたね。

川村　お時間をいただき、ありがとうございます。まずおうかがいしたいのは、30代の糸井さんの神がかっているコピーについてです。『おいしい生活。』や『くうねるあそぶ。』の頃は、理性と天性のどちらでつくっていたんですか？　言葉が降ってきてひと筆書きのように書けていたのか、試行錯誤しながらつくっていたのか。

糸井　降ってこないとやっぱりつかまえられないものだと思いますし、クライアントからのオリエンテーションがうまくいってる場合には、そのときにもうコピーができているパターンもある。ただ、これはほかでも何回か言っていることですが、頭の中に広場があって、そこの壁に言葉を書いておいて、頭の中の登場人物にチェックしてもらっている時間が長いんです。見ず知らずの人、自分と考えの違う人、よく似た人、いろんな人が前を通りかかって「いいね」と言ってくれるのを聞いている。自分の住んでいる世界と頭の中の世界は対応しているわけなので。

川村　いろんな人が「いいね」と言ってくれるのを待つという感覚はすごく腑に落ちます。糸井さんは「自分も大衆の一人である」という意識が一貫していますよね。

糸井　それはもう、まったくそうですね。

川村　それと「ほぼ日」（※「ほぼ日刊イトイ新聞」）での糸井さんのコラムを読み返していたら、「僕の仕事はショートケーキにイチゴをのせること」という興味深い言葉を発見したんです。イチゴがのって、初めて欲しいものになると。

糸井　イチゴをのせなくてもおいしいショートケーキをつくるのは大前提ですよね。でも、「イチゴがなくてもおいしい」と、特にプロ同士は結構そこで喜んじゃう。のせるイチゴが見つからないと〝うれしさ〟がないのに。だから、自分の企画に「物足りないな。何かのっけたいんだよな」とか、あるいはショートケーキの真ん中にどかんと穴を掘っちゃって、えぐったところが真っ赤っ赤だったら成立するのかなとか……。要するに「作品です」って満足するんじゃなくて、「商品」にして満足する。

川村　まさにそのあたりをテーマにできたらと考えていたんですが、糸井さんがかつてつくられていた広告は、今「ほぼ日」でつくられている商品そのものなんじゃないかなと思ったんです。そして、実は広告をつくられていたときから、一貫して「作品を商品に」されている。

糸井　それは自分がつくり手としてではなく、受け手として考えたことですね。さっきも「大衆の一人」という表現をしてもらいましたけど、送り手と受け手でいえば、受け手としての自分である時間はすごく長い。例えばシャツ一枚買いに行くにしても真剣ですよね。その真剣さに見合うものをつくるとなったときに、「いいね」だけで終わってしまうものに真剣さはないんです。買わせる何かがやっぱり必要なんです。

仕事は人間の一部分でしかない

川村　30代から40代のコピーライター時代、すごく忙しくされていて、いわゆる業界に飲み込まれているような状況だったと思います。そんな中で買う側にまわる瞬間はどうやってつくっていたんでしょうか?

糸井　最初からそっち側でしたし、送り手側に丸ごとなった覚えがないんです。「だましてでも売りつけるんだ」っていうクライアントが仮にいたとしても、「それはだめだ」ってその場で言ってました。僕がコピーライターから出発して、たこ足状態にいろいろな仕事をしていた理由は、万が一どこかで仲違いしても大丈夫なように、なんですよ。一つの会社とだけやっていると、自分の身が危ないというときに寄り添いすぎちゃうことがある。

川村 確かに、ある程度の距離感を保って仕事をしないと、お互いだめになっていきますよね。

糸井 そうですね。

川村 でも、以前お会いしたときに、40代の一時期は毎日魚釣りばかりしていたとおっしゃっていましたよね。それは糸井さんの広告に対する絶望というか、諦めの時期だったのかなとちょっと思ったんです。そして、本気で仕事をしている人は、一度はその壁にぶち当たる気がします。

糸井 そもそも広告への諦めというより、そこは面白くない、居心地が悪いっていう〝勘〟が働いたというかね。例えばプレゼンテーションが競合になる。でも、僕は競合じゃないほうがいいものがつくれると信じていた。クライアントも自分も一緒になっていいものをつくろうと。ただ、そのやり方がどうやらだめらしい。だとしたら、もう一生懸命やっても勝ち戦《いくさ》はできないし、広告そのものが、時代が変わるんだから、そこにうだうだいるのはいやだと思ったんです。いわば、故郷を離れたというイメージですね。

川村　なぜ、釣りだったんですか？

糸井　こんないやなところにいたくないと思ったときに、いやじゃないのが釣りだった。釣りの面白さは誰も手助けしてくれないことで、餌のセッティングも釣れるか釣れないかも全部自己責任。でも、そういうのとしばらく出会ってなかったなと。だから、やっていると本能が目覚める。目覚めましたけどね、やっぱり。

川村　釣りをやっている頃が、長いキャリアの中でいちばんしんどかったですか？

糸井　個人的に女性にふられたみたいな話のほうが、よっぽど悲しいんじゃないですかね。仕事ってやっぱり人間の一部分でしかない。全力を尽くしてもね。仕事以外の時間も全部そのために生きてるって人は、いちゃいけないと思います。今日、横尾忠則さんとお昼を食べてたんだけど、「糸井くんはちゃんと生活をしている感じがするからいい。あんこを煮てるとか、そういうのがいいね」って言われましたよ（笑）。

川村　普段の生活をちゃんとしていないと、購買者の心理も見えてこないですよね。

糸井　40代のとき『ＭＯＴＨＥＲ』というゲームを任天堂とつくったことがありましたけど、開発に携わってくれた『スーパーマリオ』の生みの親で世界的なゲームクリエイターの宮本茂さんなんかは、今でも近所の子どもを引率して地元の町内会のこととかも普通にやってますよ。

川村　宮本さんのような世界的な天才にそれをやられたら、もうかなわないですね（笑）。ちなみに、糸井さんは今でもコピーライターですか？

糸井　〝コピーライター出身の人〟ですね（笑）。ただ、考えることと、言葉を扱うことを中心に仕事をしているのはずっと同じで、変わっていないんです。

英語がしゃべれない日本人としての外国との〝混ざり方〟

川村　あらためて『ほぼ日』の話も聞かせてください。立ち上げから15年、子どもでいうと反抗期くらいだと思うんですけど、最近のお子さんはどうでしょう（笑）？

糸井　実は年をとってからつくった子どもなんですよ。

川村　なるほど（笑）。

糸井　49歳で生んだ子どもなんで、この会社はおじいちゃんに当たる人がお父さんなんです。つまり、真綿の布団を与えていて、なるべく傷つくことなく大きくなってほしいと思ってる。だから、年寄りであるとか、僕の資質の弱点がそのまま会社に表れていて、15歳で反抗期というより15歳にしては幼いねという子どもに育っていて。そこに気づいて、直さなきゃならないと強く思っているのが今ですね。

川村　何を直さなきゃいけませんか？

糸井　年をとると話が通じる人同士で集いたいんです。「わかんないやつはいいや」でも仕事が成り立っちゃう。そういう意味で、僕はよく〝閉じる〟〝開く〟という言葉を使うんですけど、例えば僕自身が外国語を習った覚えがなくて、やろうとしては挫折したということしかないんで、外国に対して開いているかというと閉じていた。

川村　確かに、ゲームやファッションや建築など「日本語にこだわらない」ジャンルは海外に行きやすい気もするのですが、糸井さんは言葉の人だから、日本語を使って世界に行くというところに障壁があったんでしょうね。

糸井　僕もそう思ってました。日本語が難しいというのもありますが、「俺はもっとすごいことを考えている。お前は外国語だから、伝わらないんだよ」と思っていた時代が結構長い。でも、自分がしゃべれなかったり、外国人とのコミュニケーションが億劫だったりということがあると、その姿勢が組織にうつっちゃうんです。

川村　おじいちゃんが外国語がしゃべれないと、僕たちもしゃべれなくていいんじゃないかと思ってしまうと。

糸井　そこの欠点が、たくさんのぴょんとジャンプする可能性を捨てさせているんじゃないかなと思って。あと、今は自分たちがやっていることを海外の人も評価してくれて、外国人にもずいぶんと会うようになって、「よう、お前も女が好きか？」みたいな話でまずオーケーだってこともわかってきた。

川村　『男はつらいよ』の寅次郎みたいですね（笑）。

糸井　そうなんです。とっさの行動を見て相手を認められるようになったり、初めから言葉でややこしいことをやり合うよりも、「信じられるやつだ」ってことが出てくる。それに今はどんな製品でも、部品はどこの国でつくっていて、お客様はどこの国にいて……となっているのに、日本語のコンテンツ以外で仕事をしちゃいけないという会社は閉じていると思うんですよ。もっと、混ぜる度胸がないといかんなと。

「どっちかはっきりしろ」以外の道を考える

川村　ただ、今の時代はオール・オア・ナッシングで「どっちかはっきりしろ」と絶えず言われている気がするんです。なかなか「混ざったほうが面白い」と言ってくれる大人はいないなぁ。

糸井　ほんとだね。要するに、どっちかにきっぱりしていたほうが売りやすいとか、ブランド価値があるという幻想をもっているんですよ。さっき「イチゴをのせるのが仕事です」という話をしましたけど、上のイチゴと土台のショートケーキをミキサーにかけてぐにゃぐにゃにしたら本当に混ざりますけど、誰も食べないですよね。でも、それを冷やしてアイスにしたらどうだろうか。

川村　なるほど。それは食べるかもしれない。

糸井　そうなんです。つまり、苦しくならないと次の可能性を考えない脳みそになっちゃってるんです。でも、そこを考えるのがいちばん面白いわけで。

川村　みんなで揃ってイチゴをのせることばかり考えていて壁にぶつかったときに、「混ぜてアイスにしてみりゃいいじゃん」と言ってくれる人がいるだけで、一気に世界が広がりますね。

糸井　ちょっと話が飛びますけど、単純な話でいうと、パートナーが海外に拠点を移すとなったときに、単身赴任なのか、自分や家族もついていくのかって選択について、「どっちかにしなさい」と言うのは無責任ですよ。何かを得たら何かを失うわけだから、安易にどっちとは言えないと思いますね。

『ほぼ日』の15年で見えてきたインターネットのこれから

川村　『ほぼ日』での15年を通じて、インターネットの世界の変化や現状についてはどう感じていますか？　進化のスピードが速すぎたり、競争が激しすぎて、もはや壁にぶつかっているという人もいるかとは思うのですが。

糸井　確かにそうですね。ただ、インターネットでなくて、『ほぼ日』の商品をリアルの店舗で売るとなったら、タオルであろうが、腹巻きであろうが、今の売り上げは担保できない。そういう意味で「インターネットは限界だ」と簡単に言うのは、ちょっと違うのかなと。世の中はインターネットがなかったら、できなかったことだらけですよ。もちろん、ツイッターが出てきました、フェイスブックが出てきました、そこの社長は大金持ちになりました……みたいなことを追いかけているうちは、幻想はもちにくい。でも、インターネットを支えているのは実は物流のインフラで、宅急便だったり、行政がつくった道路だったり、自動車や石油なんです。

川村　リアルの物流インフラがあるから、ネット上の通販も成り立つと。

糸井　あるいは「インターネットは終わりだ」と言う人に、だったら何か策があるのかと聞いても「いけね、何も考えてなかった」みたいなことが多いように思います。つまり、ネット上の世間は全員学生なのか？　って話です。何をして飯を食ってるのかが見えない人が、世界のことばかり言ってませんか？

川村　そうかもしれません。そして、糸井さんの強さはそうやって、まだ誰も言っていないことの言い出しっぺになってくれるところにあると思います。

糸井　でも、川村さんも最初にプロデュースした映画は『電車男』でしょう？　あれもほかに誰もやらないからやったわけですよね。

川村　確かに当時はインターネットの世界を映画にするなんて世界中の誰もやってなかったので、やってみたいなと思ったんですよね。僕はスキー場のリフトの上から、新雪の上に残ってる足跡を見るのが好きなんです。「こいつ、なんでこんなところを歩いたんだろう？　バカだな」って思うけど、みんなが見るじゃないですか。自分の仕事もなるべくそうありたいと思っています。

糸井　『電車男』って、電車男を応援しながら「お前のことをいちばん知っているのは俺だ」って、2ちゃんねるの人たちがみんなで合戦してるんですよね。でも、何かについていちばん知ってることに、どれだけの意味があるんだろうか。

川村　確かにネットは評論家を増やしたけど、クリエイターを減らした気もします。後からきて重箱の隅をつつく人がかっこいいということになってしまっている。

糸井　インターネットで誰かが誰かの作品なんかを褒《ほ》めているのは、あまり見たことがないですよ。よくてリツイートするくらいでしょ。

川村　しかも、リツイートって基本的に誰も本気で見てないですよね。

今の場所や仕事で「我慢しなくていい」方法を考えたい

川村　ところで、僕は糸井さんの50代最高のコピーは『ほぼ日』だと思っているんですが、60代を代表するコピーがいつひねり出されるのか楽しみなんです。

糸井　これからのテーマは「人」なんです。

川村　確かに、人がいちばん高い商品ですね。

糸井　例えば川村元気さんという人が今の組織にいて、自由に動ける場所もこんなにあるんですという状況を得るには、余計な苦労をいっぱいしますよね。もしくは川村元気さんという人がまだ学生だったとして、すごくポテンシャルがあるのに何かやってみろと言われるまでに、ものすごいエネルギーがいる。

川村　そうですね。日本はよくも悪くも組織の力が強いので、出版社に入ったら出版、家電メーカーに入ったら家電というところからなかなか動けないですよね。

糸井　でも、「そんなに我慢しなくてもいい方法がないかな」というのが僕の夢なんです。いい子をみんな雇えたらと思う。一回うちに入って、そこからどこかに勤めればいいじゃないって。あるいはうちがほかの会社にその子を貸すとか、あの人はこっち側にきてあの人とやったらいいのにってケースはいっぱいありますよ。そうしたら、ちょっと世の中が変わる気がしないですか?

川村　「人」に関しては僕も思うところがあって、組織の名前だけに寄りかかって仕事をするのはもうずいぶん前から限界にきているのかなと。ジョブズがアップルを変えたように、一人で業界を変えてしまうような人がまだ出てこられるかどうかに、これからの時代が面白くなるかどうかのカギがある気がしています。

糸井　逆に僕はそういう特別なイチゴについて語る時代は、終わると思っているんですよ。きっとジョブズ以外の人が考えたこともいっぱいあったと思うし、「俺をハブにしてくれ」と自分のところに集約させたことは、ジョブズの策略だった。

川村　ジョブズは無数のジョブズの種によってできていたと。

糸井　そう。それをやることでジョブズは自分の欲望は果たしたと思うんだけど、その種の集め方を教えてくれていれば、ジョブズは死んでもジョブズは残った。だけど、ジョブズが死んだらジョブズは残らなくなるってやり方は、やっぱり20世紀だと思うんですよね。

川村　なるほど。

糸井　要するに、僕は平凡な才能だけれど、素晴らしく人を喜ばせることがあると思う。21世紀は「あの人は結局、何ということはなかったけど、いろいろとやりましたよね」っていうことでいい。極端に言うと、「あなたも、あなたも、あなたも同じです」っていうのが、うれしいんですよ。

勝ちたいんだったら、一人から仲間を集める

川村　糸井さんは「人間を信じる」ことをテーマにしているのだと思いますが、僕なんかはなかなか「人間を信じることができない」もので……どうしたらいいんですか（笑）？

糸井　やっぱり、もっと混ざればいいという結論になるよね。純血種の犬を飼いたいって人がいるじゃないですか。あの時代ももう終わると思っています。死んでいたかもしれない犬を引き取って飼っていくうちにどんどんかわいくなっていくプロセスのほうが物語としてすごみがある。だから、高いところとか低いところではなく、混ざったものの中で面白いことを探すっていうのが始まっていると思うんですよ。〝any one〟、つまり隣人を尊敬できないと、やっぱり本当は思想として弱い。いや、自分だってなかなかできないし、今だって「あの野郎……」と毎日思ってるけど、僕は未来の側にちょっと贔屓《ひいき》したいんで、そっちにアクセルを踏みたいな。

川村　糸井さんの仕事はずっと未来を贔屓してきたし、錬金術じゃないけど錬空術というか、ちょっと未来の空気を固めて言葉にしてくれる。それで救われる人がたくさんいると思います。ただ、特別なイチゴより、隣の普通のイチゴのほうに賭けたいという糸井さんの思想は、世間的には理想論にすぎないと思われている気もしますが……。

糸井　やっぱり見くびられているんじゃないですか。未来っていつも。

川村　素晴らしいコピーですね。

糸井　自民党を「票集めが上手いから悪人だ」と決めつける人がいるけれど、じゃあ、自分の正しいやり方で票を集めてみればいいじゃないと思う。仕組みが不利だからと諦めたら、何もすることがなくなる。勝ちたいんだったら、一人から仲間を集める。脱獄モノの映画が面白いのは、一人じゃできないところでしょ？

川村　スティーブ・マックィーンの『大脱走』ですよね。観直さないとだめだなぁ。

リスクばかり考えず「どうやって生きるか」を面白くやれ

川村　ただ、今の場所や仕事に不満や不安を感じている人たちは無数にいるはずなのに、隣の似たような人たちに声をかけるとなると、ちょっとハードルが高いなぁという空気を感じます。

糸井　やっぱり失敗したくないんじゃない？　恋愛でも今の若い人は「結婚まで考えてミドリちゃんと3年付き合った。みんなもそう思ってた。ところがミドリは……」という痛い目に遭うと、俺はもう一生結婚しないみたいなところがあるでしょ。それって、一つの事件のリスクがあまりに高すぎますよね。やっぱり「なんかよくわかんないけど、告白してみるわ」って行ってみて、失敗してる数の多いやつは強いよね。

川村　恋愛においてそのタイプは無敵ですよね（笑）。

糸井　もっと言うと、受験とか就職とか、若者がリスクを抱えて、そんなことばかり考えなくていいよっていうのも言いたいね。どうやって生きていくかってことを、面白くやれよって。だって、僕なんか勤めるのが泣きたいくらいいやだったというところが原点なんです。夏休みが終わる前とか、悲しくなかったですか？　やっぱり、ラクしたい自分をやみくもに否定しちゃだめだよね。

川村　いまだに日曜日の夜とか憂鬱ですもんね。

糸井　でも、働いてみたら面白かったってことを、大人になって知るじゃない。こうして川村さんに会うのも同じで、会ってみれば楽しいわけ。だから、僕は法則をつくったりもしてます。まず、なるべく約束をすること。できる限り約束を守ること。守れなかったら全力で謝ること。この3つを決めておくと逃げられないし、ものぐさになりすぎないように。

川村　それにしても「とにかく働け」って言う人がどうしても多い中で、「基本的に働きたくないいんだよ」っていう糸井さんみたいな人もいて、両方のタイプが存在するんだってことをみんなが知ることも、仕事をするうえで大事なのかもしれませんね。

（2013年7月　東京・青山の東京糸井重里事務所にて）

復習

『不思議、大好き。』『おいしい生活。』『くうねるあそぶ。』『大人も子供も、おねーさんも。』『生きろ。』

未来の空気をちょっと先に感じて、言葉にして送り出す。「僕の仕事はショートケーキにイチゴをのせること」と語る〝言葉の天才〟は、広告で「作品を商品に」してきた。

そんな糸井重里が次に賭けるのは「人間」だという。

確かに今、いちばん欲しいものは「信用できる人間」もしくは「人間を信用できる自分」なのかもしれない。

「仕事って人間の一部分でしかない」「勝ちたいんだったら、一人から仲間を集めろ」「どうやって生きていくかってことを、面白くやれ」

会話をしていた2時間。人間として楽しく生きろ！と言われ続けていた気がする。すべての言葉がまるでコピーのように、わかりやすく、はっとさせられて、生きていくのが楽しくなるのだ。

「未来に贔屓したい」と語る糸井重里は、次の時代にどんな「イチゴ」をのせるのだろうか。もしかしたら「イチゴ」ではない何かを探しているのかもしれない。僕もその隣で「未来を見くびらず」に、その「何か」を探し続けたい。そう思った。

篠山紀信

世界をどうにかしようなんて、おこがましい。
大事なのは受容の精神です。

篠山紀信
Kishin Shinoyama

1940年　東京生まれ。

1959年　日本大学藝術学部写真学科入学。

1961年　在学中に、広告制作会社ライトパブリシティに就職。
第1回APA賞など数々の賞を受賞。

1968年　写真家として独立。

1969年　デス・バレーで白人、黒人、日本人のモデルをヌードで撮影した『Death Valley』発表。

1971年　リオ・デ・ジャネイロのカーニバルを撮影した写真集『オレレ・オララ』出版。

1973年　「女形・玉三郎展」で芸術選奨文部大臣新人賞受賞。

1975年　雑誌「GORO」にて『激写』連載開始。

1978年　雑誌「週刊朝日」の表紙撮影開始(1997年まで)。

1980年　ジョン・レノン生前最後のアルバムとなったオノ・ヨーコとの共作『Double Fantasy』でジャケット撮影を担当。

1991年　宮沢りえのヌード写真集『Santa Fe』出版。155万部を売り上げ、大ベストセラーに。

1997年　雑誌「BRUTUS」の名物連載をまとめた写真集『人間関係』出版。

2009年　誰もいないディズニーランドやディズニーシーで人気キャラクターを撮り下ろした写真集『篠山紀信 at 東京ディズニーリゾート MAGIC』出版。

2011年　東日本大震災の被災地を撮影した『ATOKATA』出版。

2012年　熊本市現代美術館にて、写真展「篠山紀信展 写真力」開催。以降、全国の公立美術館にて巡回。

2016年　東京・原美術館にて、ヌード作品展「快楽の館」開催。

2018年　撮影を担当した単行本『すごい廃炉 福島第1原発・工事秘録〈2011〜17年〉』出版。

※上記は全仕事の一部です。

予習

1 人の心を瞬間的につかむ方法とは？

2 作家性と商業性をどうやって行き来していますか？

3 30代でリオのカーニバルへ。そこで見つけたこととは？

4 『人間関係』『激写』『Santa Fe』。その企画力の秘密とは？

5 自分を見失わないために何を心がけていますか？

6 スランプになったら、どうしたらいいんですか？

7 時代の一歩先をいくコツは？

「いいですね」と褒められたいから、仕事をしている

篠山　今日は川村さんに僕の昔話をするわけ？　意味がないと思うよ。だって40歳くらい違うでしょ。時代が違うもん。

川村　いやいや（笑）。お聞きしたいことがいっぱいあるんですよ。ちなみに初めてお会いしたのは雑誌「BRUTUS」で、『人間関係』という篠山さんの名物連載で撮っていただいたときでしたね。場所が焼き肉屋で、僕、篠山さんに撮ってもらうなんて一生に一度あるかないかなんでガチガチに緊張してたんですが、篠山さんが店の中にいた女将さんに「ちょっと、写っちゃうじゃない」とか言いながら話し始めて。

篠山　だって、あのおばさん、覗くんだもん。

川村　その様子を見ていたらおかしくなっちゃって、知らないうちに数枚撮られて終わりっていう……。撮る前に勝負がついてる感じがしました。格闘技じゃないけど（笑）。

篠山　勝負って感じはなくて、撮らせていただいていると思ってる。だから、長年の経験でいうと、カメラマンは偉そうに上からいっても、丁寧に下からいってもだめだ

ね。タメでやるのがいちばんいいんだよ。あとは、ぱぱっとデジカメで撮ったものとか、僕はその場ですぐ相手に見せちゃう。だって、僕の場合は「いいですね」って褒められたくて撮ってるんだから（笑）。

川村　「褒められたくて撮ってる」って言えちゃうところがすごいなぁ。

篠山　例えば、全然知らない子どもを撮るときとか、意外と緊張するんだよ。昔、後藤久美子を初めて撮ったとき、まだ小学校5年生のものすごい美少女で「うわぁ、いいな」って思ったんだけど、同時に「いったいこの子はどうやって撮ればいいかな」と思って。そういうとき、当時はデジカメがなかったからポラロイドでぱぱっと撮って、見せるのよ。「かわいいね、こんなふうに撮れてるよ」って。そうすると「この人、できるじゃん」みたいなことが子ども心にわかる。そこからはもう人が変わったようにぱっとオープンになって、フランクに撮りましたよ。

川村　ぱぱっとっておっしゃいましたけど、篠山さんの撮影は本当に速いですよね。いつ撮られたかわからなくて、手品を見せられているような感じでした。

篠山　手品師も写真家に似てるんじゃない？　写真もどっかでまやかすわけだから。でも、ほかの人がどうしてそんなに時間がかかるのかわからないけど、撮る前にこう撮るべきとか考えてるんじゃないの？　僕にはそういう自分の考えに相手を当てはめようとするような不遜《ふそん》な態度は、まったくないから（笑）。

悔しくて泣いたこともあった、会社員カメラマン時代

川村　20代の頃は広告制作会社にいらしたと聞いています。

篠山　そうなんだよ。僕が大学に通ってた1960年代は、日本が高度成長期で、いい大学に入って、いい会社に就職して、生涯そこにいたらラクな生活ができるんじゃないかっていう時代だったわけ。

川村　サラリーマンになるのが勝ちという時代だったんですね。

篠山　でも、僕はお寺の次男坊で、兄貴が坊さんをやるから何をやってもいいわけ。しかも増上寺が経営している中高一貫の芝高校というところに入れられていたから、野心も主体性も何もないどうしようもない少年だった。案の定、浪人したんだけど、そのときに目が覚めて、いい会社に入って……っていうのはつまんないんじゃないかと思っていたら、ちょうど新聞に日大写真学科の募集が出てた。それでこれから商売にするなら写真がいいんじゃないかなってね。

川村　ずいぶんと〝なんとなく〟な理由だったんですね。

篠山　うん。しかも報道写真とかはやる気がない。仕事や商売としてやるなら、お金になるのはコマーシャル、当時でいう商業写真じゃないかっていう勝手な動機でね。それで簡単に入学できたんですけど、写真のことは全然教えてくれない。失敗したなと思って、昼間は日大に通いながら、夜は2年間専門学校にも行ったの。それで大学3年の途中で専門学校を卒業した後、ライトパブリシティという広告制作会社でカメラマンの募集があって、専門学校の人が「学生でもいいから受けてごらん」って言うので、受けに行ったんです。大学も続けながらね。

川村　それで採用されたわけですね。

篠山　そう。入った後は、生意気に「初めからカメラマンがいい。アシスタントじゃいやだ」とか言ってね。

川村　それは生意気ですね（笑）。

篠山　当時ライトパブリシティにはものすごく優秀なカメラマンがいっぱいいて、その人たちみんなにアシスタントがいるわけだけど、さすがに彼らから胡散《うさん》くさい目で見られたよね。「大学の途中で入ってきたカメラマンのくせに」って。しかも「やれるもんなら、やってみろ。その代わりお前にはアシスタントはつけない」ってことになって、8×10（※大きなフィルムを使う大判カメラ）のフィルムを詰めるのも、暗室で現像するのも、焼くのも自分。これが大変で、結構いじめられたし、悔しくて泣いたこともありましたね。

作家性と商業性の両方がぐじゅぐじゅになっている

川村　その時代にテクニックが鍛えられたんですね。篠山さんを知る人は「技術力がすごい」と皆さん口を揃えて言います。

篠山　6年半会社にいたけど、先生はいないんですよ。日本航空の飛行機からミキモトのパールの撮影まで、技術は現場で覚えた。しかも会社が有名だったからアルバイトの仕事もいっぱい入ってきて、すごいお金が入る。「思ったとおり、カメラマンは甘い世界だ」って感じだったんだけど、やっぱりつまんないんだよ。クライアントがいて、うまいデザイナーが「複写して出せばいいじゃないか」っていうほど素晴らしいラフを描いてくるので、そのとおりに写真を撮るのが面白くない。

川村　なるほど。

篠山　そんなとき、日大の卒業制作展を見にきた「カメラ毎日」というカメラ雑誌の山岸章二という有名な編集者に「面白いじゃないか。ちょっと卒業アルバムを持ってこいよ」って言われて行ってみたら、僕が1年かかってつくったアルバムをぱぱっと見て「これとこれとこれを来月号に載せてやる」って偉そうに言われて。しかも「お前、これから写真家を頑張ってやるんだろ。だったら、それなりのタイトルをつけてやるよ」って、25歳のとき『栄光』ってタイトルをつけられて「篠山紀信」という名前と一緒に雑誌にどーんと載ったわけ。

川村　ちょっとモテる感じですね。

篠山　そうなんだよ。かっこいいじゃんって（笑）。それでコマーシャルをやってるより、作品を撮ったほうが面白いなと気づいたんだよ。でも、全然お金にならないの。だって、当時は土門拳《どもんけん》とか木村伊兵衛《いへえ》とかが燦然《さんぜん》と輝いて、現役で作品をどんどんつくってるんだから。だけど、そのうちに僕みたいな若造の写真を載せてくれる和田誠さんがADをやっていた「話の特集」ってミニコミ誌が出てきて、アルバイトで稼いだお金を注ぎ込んで、作品を撮るようになった。つまり、僕の場合は20代後半になってやっと作家性の強い表現にいくわけ。

川村　普通は初めに作家的な写真家を目指すと思うんですけど、篠山さんは逆だったんですね。実際、篠山さんの写真はどれも作家性とコマーシャルの境目が見極めづらくて、すごく興味深いです。

篠山　両方がぐじゅぐじゅになってるからだろうね。一応コマーシャルの技術もあるけど、当時は若いから表現したいこともたくさんあったし。1960年代という時代性もあるけど、映画でいえばヌーヴェルヴァーグ全盛だろ。

川村　ジャン＝リュック・ゴダールですね。

篠山　新宿の飲み屋なんかに行っても、唐《から》十郎と寺山修司が喧嘩してて、その向こうで三島由紀夫と澁澤龍彦が文学論やってるとかだったから。

リオのカーニバルを撮り「世界を受け入れよう」と決めた

篠山　それでやりたいことが出てきちゃった後は、会社を辞めて、1969年、29歳のときに『Death Valley』という僕の代表的な作品が生まれるんですよ。

川村　どんなコンセプトの作品だったんでしょうか？

篠山　1969年ってアポロが初めて月に行った年なんですよ。月の上を宇宙飛行士が跳んでいくのを、一日中、テレビが映してる。それを見てて、ここにヌードをもっていったらどうかなって（笑）。それで地球上でいちばん月に近いデス・バレーに、白人と黒人と日本人のモデルを連れていった。

川村　月面ヌードがコンセプトなんですね。

篠山　でも、そういうことをやってるのもいやになっちゃうんだよね（笑）。限りなく欲望があふれてくるし、お金がいくらあっても足りない。写真ってそういうことじゃなくて、やっぱり現実に起こることが面白いんじゃないかって。それで30代になって、リオのカーニバルに行ったんです。

川村　リオに行こうと思ったのは？

篠山　『Ｄｅａｔｈ Ｖａｌｌｅｙ』みたいなことをやっていても出口がないんじゃないのと思っているときに、リオのカーニバルで熱狂の4日間を撮ったら、何かが変わるんじゃないかっていう単純な考えですよ。ただ、行ってみたら街中が踊ってるわけで、カメラを持って撮っていても、向こう側に道を渡ることすらできない。それで気づいた。一緒にサンバを踊ればいいんだって。踊ってみたら、ちゃっちゃっちゃって渡れちゃうわけ、向こうへ（笑）。

川村　ははは（笑）。

篠山　つまり、世界を自分でどうにかしようっていうのはおこがましい。大事なのは受容の精神ですよ。世界を受け入れよう、受け入れれば何とかなるじゃんって。そこは大きかったね。本当に4日間、寝ないで撮りましたよ。そうしたら、「週刊プレイボーイ」が本にしてくれるってことになったんだけど、実は出版社にざら紙が余っていたから何か出さなきゃって話でさ。

川村　それはまた適当な理由ですね（笑）。

篠山　『オレレ・オララ』という写真集なんだけど、ざら紙以外にも、お金がないってことでオール4色にできなくて、2色のページもあってさ。挙げ句、日立のひげ剃りの広告まで入ってるんだよ。つまり、日立からお金をもらってやっと出したんだけど、そこだけはすごくいい紙なの（笑）。

川村　写真集に広告を入れたんですか？

篠山　要するに苦労して出したのよ。でも、ざら紙の小汚い感じが本のパワーになって、結果的にすごくウケたんだよね。

川村　チャンスはかっこつけてたってつかまえられないってことですね。僕なら「ざら紙だったら本は出しません」って言ってしまいそうですけど、篠山さんのエピソードからは、紙が悪かろうが写ってるものが強ければいいんだみたいなプライドも感じます。

篠山　紙の質をあれこれ言ってるようじゃだめだね。いちばん大事なパワーを失わないように閉じ込めればいいやと思わなくちゃ。

やっぱり時代と合わないとだめなんだよ

川村　リオでの覚醒の後、30代はどう過ごされていましたか？

篠山　芸能雑誌の「明星」の表紙とかもやり始めて、芸術写真家から芸能写真家になっていったよね。だって、写真なんてそもそも印刷すればたくさん複製できるし、安いお金で多くの人に見てもらえるものでしょ。せっかくそういう特性があるんだから、美術館で一枚をありがたく見るものでなくてもいいやって。

川村　今は現代美術のほうから写真に寄ってきて、アートとして写真を使っている人も多いですけど、篠山さんは逆で、写真という大きな力の中の一部にアートがあってもいいっていうスタンスですね。

篠山　少なくとも僕がやっていることは「アートでございます」ということではないよね。あと、ちょうど時代も1970年代から80年代にかけてグラフジャーナリズム

（※写真雑誌を中心としたジャーナリズム）の黄金期に入っていくわけ。アイドルもどんどん出てきて、「明星」なんかの発行部数も一時期は200万部とかだったから。つまり、何が言いたいかというと、やっぱり時代と合わないとだめなんだよ。僕の場合は1960年代にたくさん燃料を積んで高いところを飛んじゃったから、そこで切り離されて、今はぐるぐるまわってるだけでいいんだけど、今の人が僕と同じことをやろうと思っても、時代が違うから無理ですよ（笑）。

『人間関係』『激写』その企画力の秘密

川村　実はここからが本題というか、いちばんお話ししたかった部分なんですが、篠山さんは写真家としての技術力はもちろんですが、企画力が本当にすごいと思うんです。初めに話が出た「BRUTUS」の『人間関係』もそうですけど、『激写』なんかもコピーセンスと企画度が抜群ですよね。

篠山　でも、よく考えれば「あ、これだ」って答えは必ずあるじゃん。

川村　意外とそれが難しいんだと思うんですよ。

篠山　そうかな。あとはコマーシャルをやりながらも、やっぱり自分の作家性の強いものをやるとか、両方のバランスが大事だと思うんだよな。一般的に「篠山紀信？ああ、ヌードだろ」って思われてるけど、実はそれ以外の仕事もすごくたくさんやってる。日本の家とか、食べ物とかもずっと撮ってるし、東京ディズニーランドにも東日本大震災の被災地にも行ってるし。

川村　僕も割と〝とりとめなく〟仕事をやるようにしているので、共感するところがありますが、それにしても篠山さんのとりとめのなさはすごい。

篠山　自分を一つの方向に限定して、「篠山はこうだよ」って言われたくないんだよね。必ず裏切ってやろうと思っている。最初に褒められたくて仕事をやってるって言ったけど、たとえ褒められても、「ありがとうございます。僕の写真、そんなにいいですか？」って言いながら、一方で後ろを向いてベロッと舌出してるようなところもあるんだよ。でもさ、世間から巨匠だ、へったくれだと言われてたら、そうしてないと自分を見失いますよ。展覧会とかやっても、放っておいたら「集大成」とか言われて、一丁上がりになっちゃう。

川村　本当にさすがとしか言いようがありません（笑）。ちなみに『激写』というのは写真より先にタイトルが出てきたんでしょうか？

篠山　そうだね。ずっと集英社の「週刊プレイボーイ」でヌードを撮ってたんだけど、あるとき、アメリカの「PLAYBOY」とも契約したんだよ。

川村　うさぎのマークの雑誌ですよね。

篠山　それで「月刊プレイボーイ」を出すというんで、僕の担当の編集者がみんなそっちにいっちゃった。当然、僕が月刊のほうでも撮るって思われてたんだけど、アメリカ人のプラスチックを塗りたくったような、人形みたいな裸はヌードじゃないと思って、撮りたくなかった。だから、「俺は月刊にはいかないよ」って言ってたら、小学館からお声がかかった。「GORO」という雑誌が創刊後になかなか売れなくて、創刊1周年から何か巻頭でグラビアをやってくれないかって言うから、トレードしたの。

川村　自主的にトレードしたと。

篠山　それで一回目に山口百恵を提案して、何かタイトルをつけなきゃいけないっていうんで思いついたのが『激写』。その後はヌードの連載にしていったんだけど、当時脱いでくれる子なんて、プロのヌードモデルか絵のモデルかロマンポルノの女優しかいなかったわけ。でも『激写』ではアイドルや素人を脱がせたりってことをずっと続けたんですよ。

川村　洋物のプラスチックヌードに対抗する素人の生々しさということですね。

篠山　日本の女性のセンシティブな柔肌は実に美しいですよ。
川村　しかも篠山さんが生み出した『激写』という言葉は今や普通に使われる言葉になっていますよね。
篠山　でも、そこは何度も言うけど、僕は褒められたくて写真を撮っているってことですよ（笑）。このメディアの読者にどういうものを返したら喜ばれるのか、そこを考えるわけ。自分がやりたい作品をつくってるわけじゃないんだから。

スランプだろうがなんだろうが、やり続けることが重要

川村　それにしても篠山さんはスランプが見当たらないですよね。
篠山　スランプになる人はオリジナルをつくってるからじゃないの？　あと、スランプだろうがなんだろうが、撮り続けるとかやり続けるってことが重要なんだと思うね。動いていればとりあえずいろんな人に会うし、そこからきっかけが生まれるでしょ。そういう意味で、やっぱり僕は時代や人からもらうから。バブルの頃はバブルの頃で、はじけたらはじけたで、面白いことが起こる。そうした「人、事、物」に貪欲に近づ

いてるというだけだから。

川村　でも、今さらりとおっしゃいましたけど、そのとき面白い「人、事、物」って、意外と気づきづらいと思うんですよね。

篠山　気づきづらいね。

川村　しかも、篠山さんは、それぞれの被写体のいちばんいいときに撮ってますよね。『激写』初回に山口百恵をキャスティングしたり、ジョン・レノンを撮ったのも凶弾に倒れる2カ月前、オノ・ヨーコとの『DoubleFantasy』のタイミングだし、宮沢りえがヌードになった『SantaFe』も彼女が18歳のときですよね。やっぱり、一歩先をいっているから、その瞬間をつかまえられるのだと思うんです。

篠山　山口百恵はブレーク前から撮ってたし、ジョンとヨーコに関してはヨーコさんを『DoubleFantasy』の6年くらい前に一度ニューヨークで撮ったことがあったんだよ。ただ、そのとき二人はうまくいってなくて、ジョンがロスかなんかに行っちゃってて離れて暮らしてたわけ。それがニューヨークに帰ってきたジョンと新しいアルバムをつくって、新しい生活を始めるってことになって、ヨーコさんが「だったら篠山にジャケットを撮らせよう」って言ってくれて、本人から電話があった。でも、あのときが二人にとっていちばん幸せな時間だったのかもしれない。だから、いい写真になりましたよ。そういう瞬間に立ち会えるのもカメラマンの運だな。

川村　篠山さんは時代を受容しつつも、絶えず一歩先の「人、事、物」にも気づいているから、いよいよその時代になったときに大きな仕事につながる。

篠山　後追いが嫌いというのもあるんだよ。だから、何かあったときに「まずはあいつにやらせたら面白そうだ」って幻想を抱かせることも大事だね。

仕事を学ぶには、昔話を聞くより一緒にやったほうがいい

川村　新人を撮っていて、この人は売れていくだろうなという人と、だめだろうなという人はわかりますか？

篠山　それがわかんないんだよ。この人だったら写真集をつくってみたいとか、ずっと撮り続けたいとかはあるけど、基本的にはそのとき輝いて、そのときよければいいんです。売れようが売れまいが、関係ない（笑）。

川村　まさに今という〝瞬間〟をパッケージできるのが写真の力ですよね。

篠山　写真というのは怖いですよ。歌舞伎俳優やバレエダンサーは、結局、動いてい

る映像ではなく決定的な一瞬、一枚で残るんだよね。音もなければ動きもない、映画のように相手役も台詞もない。何もないから逆に強くその人を残すよね。坂東玉三郎は40年間撮り続けたし、マニュエル・ルグリも僕の前では一糸まとわず踊るからね。

川村　それにしても聞けば聞くほど、篠山さんは撮ってないネタがないですね（笑）。

篠山　それがさ、最近、種子島までロケットを撮りに行ったんだけど、発射1時間前くらいになって、ふと気づいたわけ。「あれ、露出はどうすればいいんだ」って。撮ったことがないからわかんないんだよ。

川村　撮れたんですか？

篠山　まぁ、写ってはいたんだけど、要するに僕だって撮ったことがないものがまだたくさんあるってこと。だからさ、何か一緒にやりましょうよ。今日だって、僕の昔話とかじゃなくて、おいしい話をもってきてくれたのかと思いましたよ。

川村　考えてはいるんですが、篠山さんは何でも先にやってしまう（笑）。

篠山　でもさ、仕事なんて昔話を聞くより、一緒にやっちゃったほうが、よっぽどずっと学べるよ（笑）。

（2013年8月　東京・赤坂の篠山紀信事務所にて）

復習

「僕の昔話をするわけ？　意味がないと思うよ。時代が違うもん」

ちょ、ちょっと待ってください紀信さん。慌てる僕。笑いが起こる。

再会からわずか5秒で緊張が解かれ、まるで家にいるような安心感に包まれた。それは自分が〝受け入れられている〟という感覚だった。

「世界をどうにかしようだなんておこがましい。大事なのは受容の精神ですよ」

30歳。一人カメラを持ち、乗り込んだリオのカーニバルで「踊らなければ撮れない」状況に追い込まれたときに、篠山紀信は「世界を受け入れる」ことを決めた。

『人間関係』『激写』『Double Fantasy』『Santa Fe』、歌舞伎、アイドル、ミュージシャン、震災からディズニーランドまで。リオから40年間。時代やジャンルを超越して、被写体とともに踊りながらシャッターを切り続けてきた。

対談の終わりに「おいしい話はないのか？」と迫られた。「仕事なんて昔話を聞くより、一緒にやっちゃったほうが学べるよ」と。また笑いが起こった。最後の最後まで、手のひらの上で踊らされていた。

確かに、この魔法を学ぶには一緒に仕事をするのが早そうだ。

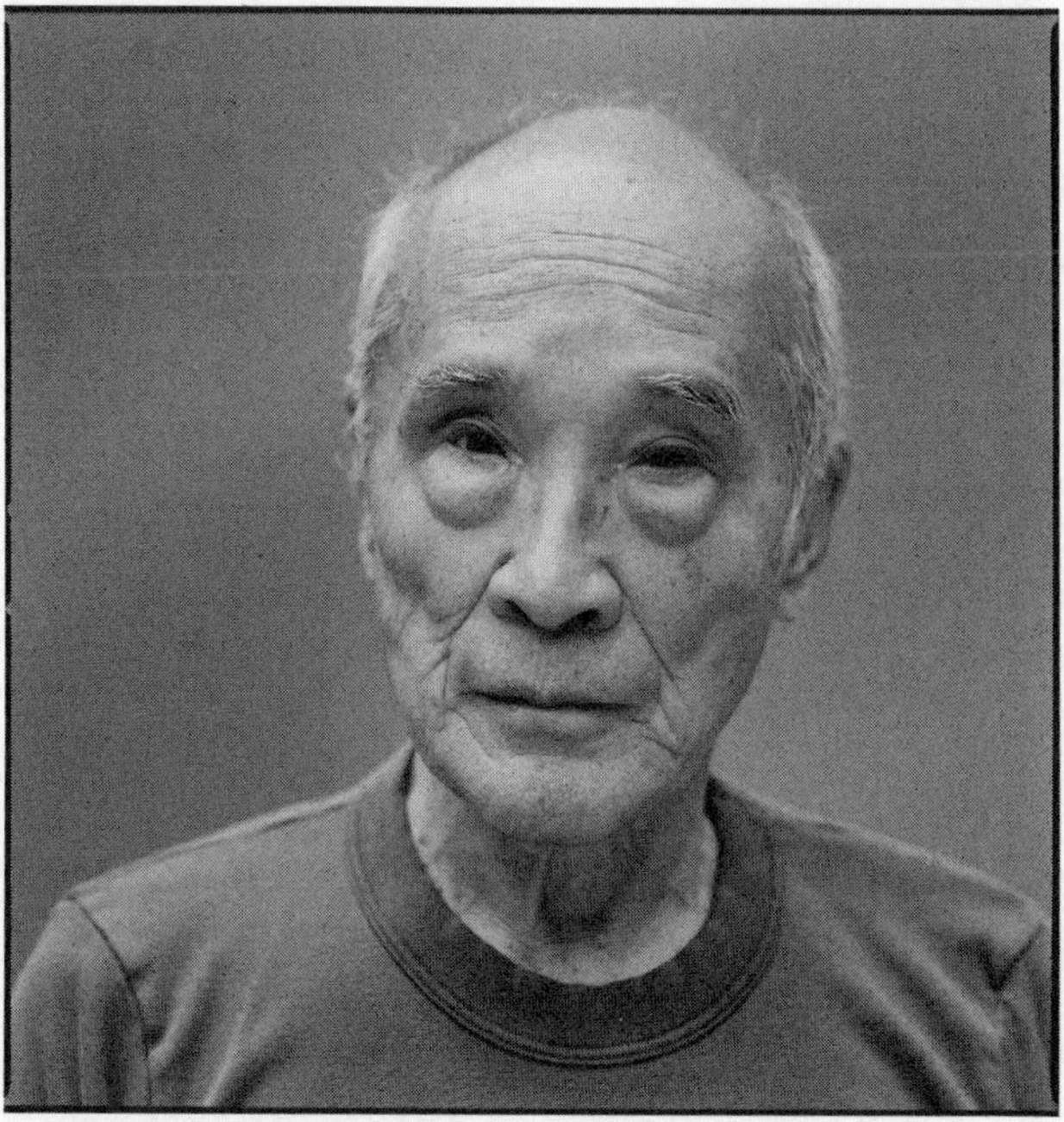

谷川俊太郎

人類全体の無意識にアクセスできる
仕事であればいいんじゃないかな。

谷川俊太郎
Shuntaro Tanikawa

1931年　東京生まれ。
1950年　詩人・三好達治の紹介で「文學界」に詩『ネロ』ほか5編を発表。
1952年　処女詩集『二十億光年の孤独』でデビュー。
1962年　『月火水木金土日のうた』で第4回日本レコード大賞・作詩賞受賞。
1963年　テレビアニメ『鉄腕アトム』の主題歌を作詞。
1965年　脚本家の一人として参加した市川崑監督による記録映画『東京オリンピック』公開。
1968年　詩『朝のリレー』発表。
1969年　翻訳を担当した『スイミー　ちいさなかしこいさかなのはなし』出版。
1971年　詩『生きる』発表。絵本『SNOOPY』出版、シリーズの翻訳開始。
1975年　絵本『マザー・グースのうた』で日本翻訳文化賞受賞。
1977年　絵本『もこ　もこもこ』出版。
1981年　絵本『ことばあそびうた』出版。
1982年　詩集『日々の地図』で第34回読売文学賞受賞。
1993年　詩集『世間知ラズ』で第1回萩原朔太郎賞受賞。
2010年　詩集『トロムソコラージュ』で第1回鮎川信夫賞受賞。
2011年　自らの詩を収録したiPhoneアプリ『谷川』発売。
2012年　郵便で詩を送る「ポエメール」開始。
2014年　漫画家の松本大洋との絵本『かないくん』出版。
東日本大震災について書いた詩『言葉』を入り口にしたドキュメンタリー映画『谷川さん、詩をひとつ作ってください。』公開。
2016年　詩集『詩に就いて』で第11回三好達治賞受賞。
2018年　東京オペラシティ アートギャラリーで『谷川俊太郎展 TANIKAWA Shuntaro』開催。展覧会の関連書籍として、川島小鳥が写真を担当したちいさな本『こんにちは』出版。

※上記は全仕事の一部です。

予習

1 仕事と生活のバランスをどうとっていましたか？

2 「お金を稼ぐ」ことについてどう思いますか？

3 『朝のリレー』はどうやって書いたのですか？

4 結婚と離婚、それぞれどう考えていますか？

5 男と女と仕事の関係について教えてもらえますか？

6 仕事のオファーが途切れないのはなぜですか？

7 最も強い〝表現〟とは何ですか？

詩人として脚本に参加した映画『東京オリンピック』

川村　子どもの頃に最初に買ってもらった絵本が谷川さんが数多く翻訳を手がけられている絵本作家のレオ・レオニのもので、それ以来30年間ずっと、谷川さんのファンです。

谷川　どうもありがとう。

川村　その後もずっと谷川さんの絵本が好きで、大人になってからも読んでいました。最近は自分でも『ティニー　ふうせんいぬのものがたり』と『ムーム』という2冊の絵本を書きまして、書くときは谷川さんの絵本を常に横に置いていました。

谷川　絵はどなたが？

川村　『ティニー』は、佐野研二郎さんというグラフィックデザイナーの方にお願いしました。身体に風船を巻きつけたティニーという小犬が雲の上に行くと、そこには〝ふうせん動物〟の国があったという話です。モチーフは僕が小さい頃に風邪をひくとよく見ていた夢なんです。自分が風船につり下げられて雲の上に飛んでいく夢。ずぼんと雲の上に顔を出すといっぱい動物がいて、彼らも風船にぶら下がって浮いているっていう。

谷川　いい夢ですね。大人になってお仕事につながるなんて。

川村　はい（笑）。『ムーム』は益子《ましこ》悠紀《ゆうき》さんという若手のイラストレーターの方にお願いしたんですが、捨てられた物に宿っている〝持ち主との思い出〟がパン生地のような生命体になっているという話です。

谷川　かなりシュールだけど、面白い発想だね。

川村　実は、書き出しの「ひろいせかいのはじっこに」とか「なまえはムーム」というくだりとか、谷川さんが翻訳をされた何かの絵本にそっくりなんですよ……。

谷川　『スイミー』ですね（笑）。

川村　すみません……（笑）。ちなみに、谷川さんはそうした絵本翻訳の世界でも第一線で活躍しながら、日本を代表する「詩人」であるわけですが、今の日本に詩を仕事にしている人がほかに何人いるのかというところから、おうかがいしたいんですが。

谷川　僕に関しても「詩人」っていうのは単なる名称で、詩だけを書いているわけじゃない。雑文とか、もう60年以上も何かを書いているわけです。いやになっちゃうけどさ（笑）。要するに、詩だけではほとんど食べられなくて、最初は子ども向けの歌の歌詞や、記録映画やラジオドラマの脚本なんかでずいぶん生活費を稼いでいましたね。

川村　確かに谷川さんは33歳のときに、市川崑《こん》監督がつくったドキュメンタリー映画の傑作『東京オリンピック』に、脚本家の一人として参加されているんですよね。

谷川　当時の東宝のプロデューサーが僕の詩を読んでくださっていて、複数の脚本家が関わっていたんですけど、その一人として僕を推薦してくれたんです。

川村　詩人が脚本に関わることはよくあることだったんでしょうか？

谷川　市川さんは従来の脚本ではないもの、少なくともあの映画に関しては一場面ごとに一種の文体みたいなものを望んでいたので、僕みたいな人間が役に立ったんじゃないかな。よく覚えていないんだけど、ナレーションでちょっと慎重にいきたい場面なんかを書いた記憶がありますね。

言葉をあまり信じていなくて、常に疑っている

川村　あの作品はまさに谷川さんが書かれたナレーションと、映像の間にある温度差というかズレが画期的な作品でしたが、僕も映画をつくるときは観ている人に「何な

んだ?」と思わせる違和感のようなものをなるべく残したいと思っています。そういう意味では谷川さんの絵本『もこ　もこもこ』は衝撃でした。擬音と抽象的な絵だけの違和感だらけの絵本で、子どもが大爆笑する。

谷川　詩を意味のつながりだけでなく音のつながりでも考えていて、そこの推敲は結構やっていますね。そのせいで、ぽんと言葉が出て初めの数行を書いても、それが20行になるまで2~3カ月かかります。読んでいて心地いいリズムを心がけているつもりではいますね。

川村　映画の世界にいて、普段から人を笑わせたり感動させたりするためにストーリーや台詞を積み重ねている身としては、音だけで子どもを笑わせられちゃうというのは、ちょっと悔しい(笑)。

谷川　言葉をあまり信じていなくて、常に疑っているんです。割と有名になっちゃった僕の詩に「何ひとつ書く事はない」という一行から始まるものがあるんですけど、あるとき考えてみたら「そんなことを言っておきながら、なんで2行目が書けるんだ」って(笑)。要するにそれが散文だったら嘘になるけど、詩なら可能なんだと思えたのは一つの転換点でした。どんなでたらめを書いてもオーケーというか、詩の責任は真偽ではなく、上手下手でしかとらないぞって。

いい詩を書くより家族と一緒にきちんと生活するほうが大事

川村　谷川さんは詩人としてのデビューが10代で、スタートがとても早いですけど、その頃は天然性で書いていたものが、今のお話のように「自分はこう書く」と自覚的になられたのは、何歳くらいだったんでしょうか？

谷川　30代に『ことばあそびうた』っていう「かっぱかっぱらった」みたいなナンセンスに近い、何もメッセージがない詩を書き始めた頃から自覚的に言葉について考えるようになりました。現代詩は割と意味に偏っていて、思想性とか観念的な言葉をいっぱい使っていたでしょう。それでどんどん人気がなくなっていった感じもあるので、日本語はもっと豊かなはずだから、そのいろいろな面を掘り起こして詩をつくっていきたいという気持ちが出てきたんです。

川村　詩がどんどんインテリのものになっていったときに、谷川さんは絵本などに活動の場を広げながら、詩そのものを解放していったということですね。

谷川　いっとき「お前はパルコだ」って言われたこともあります。つまり、何でも売っているとね。

川村　百貨店ですね。

谷川　そう。ただ、何でも売らないと食べられないという気持ちがあったし、僕はずっといい詩を書くより、家族と一緒にきちんと生活をするほうが大事な人間だったんですよ。詩だけでは絶対に生活はできませんから。

川村　そう言えるのはすごいことだと思います。ものをつくる人はそういう生活感を消したがる人が多いですから。

谷川　確かに詩の朗読会かなんかですごく高級な質問を受けているときに、僕が「金が必要なんで、詩以外のことをやり始めた」と言うと、みんないやがりますね。でも、それ、基本ですよ。

川村　感性でものをつくる行為とお金を稼ぐことはとかく切り離されてしまいがちですが、食べるために一流のつくり手であり続けて、今の年齢まで現役を貫かれている谷川さんのような先輩の存在は、今ものをつくっている人に勇気を与えると思います。

谷川　僕が一人っ子だったことも大きいと思います。兄弟も喧嘩相手もいなくて、他者がいないまま青春時代までを過ごしてしまった。でも、詩を書き始めたら、どうしても読者が必要じゃないですか。だから、他者が必要だってことを僕は詩を書くことを通して知ったところもあって、お金が入ることで他者に受け入れられているという感覚がずっとありました。そのことで大人になれた気がしています。

10代のときの感受性の型が今の自分の感性をつくっている

川村　でも、そうやってお金のために仕事の幅を広げていったからこそ、谷川さんは今でも現役でいらっしゃるのだとも思います。そうでなかったら、「神棚に上がった詩人」みたいなことになってしまっていたような。

谷川　いや、それはどうだろう。だいたい、権威が嫌いなんですよ。うちの父親が大学の先生で、割と権威が好きだったというか、一流好みでね。彼を反面教師として育ってるから。逆に母親がおふざけが好きな人だったから、いろいろなところに仕事が広がっていったのはそっちのほうの遺伝もあるかもしれません。あとは、同じことをやっていると、自分で自分に飽きるところもあるんですよね。

川村　よくわかります。僕も映画に飽きないように、小説や絵本を書き始めたところがあります。

谷川　僕なんかもある書き方で書いてると、だんだん「こんなもんをずっと書いてていいのか」というふうに飽きてきて、ふと気がついてみたら、違う書き方ができるようになっていて……みたいなことを繰り返してきている気がします。

川村　ただ、日本という国はとかく職人気質というか、同じことをずっと掘り下げていくことが尊ばれる傾向がありますよね。

谷川　そうそう。もしかすると僕も理想としては、木が若木からだんだんと葉を茂らせて老樹になるみたいな成長の仕方がいちばんいいっていう気もしているんですよ。そういう成長の仕方をしていった詩人たちもいるわけだから。ただ、そういう人は別の食う道をもっていたよね。だから、お金に関係なく詩だけを書けたわけです。

川村　でも、谷川さんはいろいろな仕事をされているという意味では雑木林《ぞうきばやし》的なんですけど、その林が一つのトーンとしてまとまって見えるのがいいなと思います。

谷川　そう見てもらえているんだとしたらうれしいですし、どうしても自分から離れられないところがある。例えば17歳とか18歳のときの感受性の型なんていうのは、いまだにちゃんと自分の中にある。そのことがいいか悪いかわからないけれど、まだ人間社会に入っていない若い時分は、宇宙の中の自分みたいなことを考えていたと思うんですよ。僕の場合、その感覚がいまだに自分の感性をつくっている気がしますね。

詩が滅亡しないよう〝悪あがき〟をしている

川村　「詩人」の話に少し戻りたいんですが、谷川さんといえば『鉄腕アトム』の歌の作詞などもされていましたけど、それこそ今は井上陽水さんのようなシンガーソングライターや糸井重里さんのようなコピーライターが、ある種「詩人」になっているのかなという印象を受けます。

谷川　そうです。歌や広告になっているという魅力もありますが、詩として読んでも圧倒的に時代に即していて、かなわないなと思うことがありますね。

川村　でも、音楽とセットで成立したり、商品とセットで成立したりするのが、歌詞だったりコピーだったりするのに対し、詩は単独でしか成立しませんよね。そこが詩がほかの世界に拡散してしまった理由でもあるのかなと思ったりもするんですが。

谷川　昔は〝純粋詩〟なんていう言い方があって、要するに詩は純粋でなければいけないということなんだけど、僕が詩を書き始めた頃、新聞か何かに注文されて詩を書いたら、詩人仲間から「商業新聞に詩を書くなんて何事だ」って責められたことがありました。昭和20年代から30年代はそういう雰囲気がありましたね。詩というジャンルがほかとは分かれて、ちゃんと存在していました。

川村　そんな時代があったんですね。

谷川　でも、今は行空けの現代詩だけを書いている人間がいくら結晶化された詩を結実させようとしても無理な話で、詩そのものが音楽や広告以外にも、ファッションや漫画とかアニメの世界に拡散してしまっていて、みんなそこで詩的な欲求は満足できている。

川村　となると、現代詩はどうなってしまうのかなと思います。

谷川　やっぱりもっと溶け込んでいってしまうでしょうね。でも、そんな状況でも自分は言葉で行空けの現代詩を書いていくんだっていう覚悟もあるわけです。だから、今はそうした詩を人に届けるメディアを考えています。電光掲示板で詩を読むとか、郵便で詩を届けるとか、メールマガジンで詩を売るとか……。何か小さな共同体の中で役に立てればいい。詩の力は微少だからいいんだ、権力や財力とは全然違う力なんだぞと。いっときはマスメディアで大々的に詩を広げていこうって気分もあったんですが、変わってきましたね。

川村　すごいなぁ。進んでますね。

谷川　いや、進んでるんじゃなくて悪あがき（笑）。詩が滅亡しないように。

川村　でも、最近、子どものときに読んだ「生きているということ　いま生きているということ　それはのどがかわくということ」から始まる『生きる』や、「カムチャツカの若者が　きりんの夢を見ているとき　メキシコの娘は　朝もやの中でバスを待っている」で始まる『朝のリレー』を読み直してあらためて感動しました。そして、そういう普遍的な感動は詩でないと味わえないと感じました。例えば、小学生の頃に感動した映画で大人になってまた感動するって、種類が違ってきてしまうというか、意外に少ないと思うんです。しかも『朝のリレー』は読んだときに映像にもなる詩ですよね。

谷川　地球儀を見て書いていたから（笑）。さすがに太陽が昇る方向を間違えるとまずいと思ってね。

仕事と結婚と離婚について

川村　ちなみに、谷川さんにどうしても聞いておきたいのは、人生を4回分くらい生きているっていう（笑）。

谷川　それは僕が3回離婚したことへの皮肉になりますよ（笑）。

川村　幸い僕はまだ未経験なんですけど、プライベートな質問で申し訳ありません……。

谷川　さっきも言ったけど僕は一人っ子で、しかも完全なマザコンなんです。とにかく女がいなきゃ生きていけないと思っていたというのが最初の出発点。つまり母親と一人息子は一対一だから、一夫一婦制に強烈な憧れを抱いていたんですよ。一夫一婦制を守るためなら、浮気はおろか、離婚も辞さないって宣言してたわけです。でも現実には一人の奥さんと一緒に死ぬまで添い遂げるというのはなかなかうまくいかなくて（笑）。しかも良妻的な人より、クリエイティブな仕事をしている女性が面白いと思っていました。

川村　矛盾してますね（笑）。

谷川　というわけなので、一夫一婦制は守ったつもりなんですよ。3回違う人と。

川村　なるほど（笑）。しかも、そのときどきの奥様の影響が書かれる詩にすごく出ているように感じます。

谷川　もろに出ますね。そこを誰かに指摘されて「女の人が詩より大事」みたいなことを言ったこともあります。

川村　それはまた危険な発言ですね。

谷川　危険ですか？　だって、やっぱり人間の基本は、イギリスの詩人のトマス・スターンズ・エリオットの有名な詩句にもありますけど「生まれて、セックスして、死ぬ。それが人生だ」みたいなことでしょ。僕もそこが基本線だと思っていて、詩を書くこともあくまでその表面上にあるわけであって、もっと下のほうにいけば……。

川村　リビドーがあると。

谷川　そう。男と女しかない。それが生物につながっているわけだから。すべての生命にね。

川村　ちなみに、離婚経験者はその後で絶対に再婚しない人と、何回も結婚する人に分かれますね。

谷川　本当にそうですね。僕は最初の結婚は本当に若気の至りで結婚ともいえないものので、だから、2回目はちゃんとしたいという気持ちがあったんだけど、3回目は少なくとももう法的には結婚なんかしなくていいと思ってたんです。ただ、外国に行くときにパスポートが別々だったりとか、アメリカなんかでモーテルに泊まろうとすると「おまえら、夫婦か？」っていちいち聞かれるんですよ。そういうのが面倒くさいから、「じゃあ、籍入れようか」みたいになっちゃったんですけどね。

川村　自分と同じクリエイティブな仕事をしている人がパートナーだと、こっちも常にエネルギーを出さないと闘っていけないなっていう印象があります。

谷川　3番目の人（※佐野洋子。絵本『100万回生きたねこ』の著者で知られる）は特にそうでしたね。でも、逆に素晴らしい批評家を身内にもってるってことを、なんて幸運なんだろうと思いましたよ。本当に僕の仕事を批評してくれたのは彼女一人ですね。そのへんのジャーナリズムの批評家なんて、何も見てないいんじゃないかみたいな。しかも一緒に住んでるわけだから、本当に隅々まで批評されますから（笑）。

人は生きていることにも飽きてくる

川村　そんな時代を経て、今のおひとりさま生活はどんな感じですか？

谷川　そこに関しても一人っ子だからラクですよ。よく家に帰ってきて、電灯もついてなくて、あったかい食事も用意されてないのは寂しくないですかって聞かれるけど、真っ暗なうちに帰ってきて、誰もいないとほっとするんですね。誰かがいると何が起こるかわかんない、みたいなさ（笑）。でも、さすがに80歳を過ぎると仕事云々ではなく、生きていることにも飽きてきますが（笑）。

川村　人は生きていることにも飽きるんですか？

谷川　はい。人間世界がひどいことになってるから、余計ね。ただ、だからといって別に死にたいわけでもない。

川村　でも、人生に寄り添って詩を書いて、年を重ねていって、しかも一人で暮らしていると、死というものにどうしても作品が近づいてはいきませんか？

谷川　基本的に死ぬということはどうなんだろう……みたいな好奇心はあります。「もしかしたら、この世界よりいい世界に行けるのかしら」というところもあるし、逆に宮沢賢治あたりを読んでいると、死んだ後の世界をリアルにおどろおどろしく書いているじゃないですか。

川村　スポーツ選手なんかは基本的に引退宣言をしますけど、クリエイターにも引退宣言って必要なのかなと、たまに考えたりもします。

谷川　書けなくなったら、自然に終わりでいいんじゃないかと思います。「引退するから、ちゃんと見てろよ」みたいな生意気なことは言えませんっていう感覚ですね。音楽でもベートーベンみたいに大げさに終わるものはあまり好きじゃなくて、すーっとディミヌエンドしてだんだん小さくなって消えていくものが好きですね。

言語を超えて人類全体の無意識にアクセスする仕事を

川村　さきほど「人間は生きていることにも飽きる」という名言もありましたが、仕事に飽きたりしたときはお休みをされたりもしますか？　一応、続けるんですか？

谷川　詩に飽きたら翻訳をするとか、ジャンルやペースを変えてはきましたね。

川村　翻訳をやっているうちにまた詩が書きたくなるという感じですか？

谷川　書きたくなるかどうかはわからないけど、注文をこなせるようになる感覚です。

川村　注文があるってことは意外と大事なんですね。

谷川　僕はすごく大事だと思います。他者から求められているってことは本当に幸せなことだと思いますね。今、仕事がない人、いっぱいいるわけじゃないですか。

川村　谷川さんへの発注が途切れないのはどうしてだと自己分析されますか？

谷川　やっぱり、いろいろな世界で仕事をしてきたからでしょうね。今でも詩だけでなくて、オリジナルの創作絵本とか、絵本の翻訳とか、舞台上で対談するとか、音楽家でもある息子の谷川賢作と一緒に歌と詩の舞台をやるとかいう注文のほうが多いですよ。でも、川村さんだって映画以外の仕事、やっぱり面白いでしょう?

川村　小説はひとりぼっちなのがつらいですけど、そのぶん自分の中に潜れますね。絵本は絵を描く人がいるので文章と絵の対話が面白い。どちらも新鮮で楽しいです。

谷川　僕も最近、画壇の前衛的な絵描きさんに絵を描いてもらって、後で言葉をつける絵本のシリーズをやっているんですが、絵を床に広げて途方に暮れていると言葉がぽこっと出てくることがあって、とても楽しいですね。

川村　誰かとやると、自分の可能性がすごく広がりますよね。

谷川　そうです。やっぱり人間ってみんなで一つの脳をもっていますからね。心理学用語で〝コレクティブ・アンコンシャス（集合的無意識）〟という言葉がありますが、僕も言語の違いを超えても、人類全体の無意識にアクセスできればいいんじゃないかなとずっと思っていますね。

川村　あらためて僕も、いろいろな人と関わってやっていこうと思います。たとえ一つの仕事に飽きても、ほかの仕事で発注がくるように。

谷川　結婚で関わる人はうまいこと一回にしてくださいね（笑）。

（2013年10月　東京・杉並の谷川俊太郎自宅兼仕事場にて）

復習

82歳の現役詩人は、おしゃれなTシャツ姿で現れて、僕らを自宅へと案内してくれた。

「言葉をあまり信じていなくて、常に疑っている」と語る詩人は、幼少期の生理や感覚を大切に自分の中に閉じ込め、「言語の違いを超えても、人類全体の無意識にアクセスできる仕事」をずっと続けてきた。

「僕はずっといい詩を書くより、家族と一緒にきちんと生活をするほうが大事な人間だった」と語る谷川俊太郎の「日常」を感じ取る力は、圧倒的な共感を呼ぶ言葉となって表出する。

別れ際に最近書いた絵本を手渡すと、「じゃあ僕も何かあげなくちゃ」と絵本をくれた。帰宅して読むと、その言葉はびっくりするほど気持ちがよくて、幼少期の自分に戻されたような気がした。

『二十億光年の孤独』『ネロ』『生きる』『朝のリレー』そして『スイミー』『スヌーピー』『マザー・グースのうた』。

何度も読み、体の中に染み込んでいた心地よい言葉たちが、一気に甦ってきた。僕は子どものようにワクワクしながら、もらったばかりの絵本を何度も読み返した。生活や家族を何より大事にしてきた〝詩人〟にしか紡げない幸せな言葉が、そこにはあふれていた。

鈴木敏夫

最近はみんな丁寧に物をつくるから
完成したときには中身が時代とズレちゃう。

鈴木敏夫

Toshio Suzuki

1948年　愛知県名古屋市生まれ。
1967年　慶應義塾大学文学部入学。
1972年　徳間書店入社。「週刊アサヒ芸能」に配属。
1978年　月刊アニメ雑誌「アニメージュ」創刊に参加。
1981年　「アニメージュ」にて宮崎駿特集を担当。
1982年　「アニメージュ」にて宮崎駿による漫画『風の谷のナウシカ』連載開始。副編集長に就任。
1984年　映画『風の谷のナウシカ』製作に参加。
1985年　徳間書店社員としてスタジオジブリ設立に参加。
1986年　「アニメージュ」2代目編集長に就任。映画『天空の城ラピュタ』製作に参加。
1988年　映画『火垂るの墓』『となりのトトロ』製作に参加。
1989年　映画『魔女の宅急便』製作に参加、スタジオジブリの専従に。以降、『おもひでぽろぽろ』(1991)から『風立ちぬ』(2013)まで、全劇場作品のプロデュースを手がける。
2001年　三鷹の森ジブリ美術館を開館、プロデュース。
2005年　スタジオジブリ代表取締役社長に就任(2008年からは代表取締役プロデューサー)。
2011年　エッセイ集『ジブリの哲学』出版。
2013年　自伝的インタビュー本『風に吹かれて』出版。
映画『かぐや姫の物語』で企画を担当。
2014年　芸術選奨文部科学大臣賞受賞。
映画『思い出のマーニー』製作に参加。
2016年　製作に参加し、外国人監督を起用して作った初のジブリ作品『レッドタートル ある島の物語』がカンヌ国際映画祭「ある視点」部門で特別賞受賞。
新書『ジブリの仲間たち』出版。
2017年　『レッドタートル ある島の物語』が米国アカデミー賞長編アニメーション映画部門にノミネート。
エッセイ集『ジブリの文学』、自身の書をまとめた単行本『人生は単なる空騒ぎ—言葉の魔法—』出版。

※上記は全仕事の一部です。

予習

1　大きなプロジェクトで重圧を乗り越える秘訣とは？

2　「野次馬として仕事をする」ことの意味とは？

3　天才・宮崎駿監督と、どう向き合ってきましたか？

4　自分の思う方向に人を動かす〝プロデュース〟とは？

5　アイデアを思いついたときに、どう人に伝えますか？

6　『ナウシカ』から『かぐや姫』まで。ジブリ音楽の秘密とは？

7　本当に追いつめられたとき、どうしますか？

当事者でありながら傍観者の立場に自分を置く

川村 お会いするにあたって、ロッキング・オンの渋谷陽一さんが鈴木さんにインタビューをしてまとめられた本『風に吹かれて』を読んで予習してきたんですけど、鈴木さんは若い頃のことを、本当によく覚えてますよね。

鈴木 そういうもんじゃないの？

川村 僕、全然覚えてないですよ。

鈴木 でも、しゃべろうと思ったことでもよく思い出せないからやめておこう、とかもありますよ。あの中に出てないエピソードの一つを紹介すると、高校時代の丸3年間、毎週土曜日に学校の近くにあった定食屋で、飯を食ってたんですよ。1年に50回食べたとして、3年間だから150回は食ってる。でも、1円もお金を払わなかった。

川村 それってどういうシステムなんですか？

鈴木 いや、普通の定食屋なの。たぶん友達と行ってたんだろうけど、食べ終わって普通は「ご馳走さん」って払うお金を、払った覚えがないんですよ。

川村　ただの食い逃げじゃないですか(笑)。

鈴木　果たして店の親父はわかってたのか、自分はいったいどういう気持ちで、そんなことができたんだろうかと。ずっと悩んでいます(笑)。

川村　ちなみに、今の話で何が面白いかというと、鈴木さんは強烈に引きが強いってところなんですよね。

鈴木　え〜?

川村　鈴木さんのことを応援する人がすごく多い理由もわかります。最近、高畑勲監督が8年かかって完成させたという『かぐや姫の物語』(※以下、『かぐや姫』)を拝見したんですけど、製作委員会のメンバーがすごくてびっくりしました。

鈴木　それこそ映画の出資会社が7社あって、電通も博報堂もいて、出版社も7社が協力してくれていますね。

川村　そんな大連合、ないですよ。

鈴木　こんなこともあるんだなぁと思うと、すごくありがたくてね。

川村　いやいや、その状況をつくったのは鈴木さんですから(笑)。あと、今の発言もそうですけど、鈴木さんは日本でいちばんヒットを生んできた映画プロデューサーであることは間違いないのに、何をしゃべっていても他人事みたいなところがありますよね。

鈴木　確かに最近「僕はいつもどこかで『野次馬』なんです」といろいろなところでしゃべっています。当事者なのに傍観者の立場に自分を置くところはあるよね。

川村　その性格は編集者出身であることも関係しているんでしょうか？

鈴木　編集者という仕事に関しては、大学を出て徳間書店に入社するときに、友人が大反対したんですよ。「お前はあらゆることを他人事にする商売なんかして、実人生から降りるのか」と怒られた。

川村　ほう。

鈴木　もっと言うと、もともとは先生になるのが夢だったんだけど、やっぱりそいつに「実人生の闘いに参加しないつもりか」と怒られて、書類を出せば教職をもらえる状況だったんだけど、取らなかったんですよ。ただ、先生以外に何をやろうかいくら考えてもわからなくて、そのうちどんどん就職試験が終わっていて、それである人の勧めで受けたのが出版社だった。でも、この年になって実感をもって言えるのは、僕は特に週刊誌出身でしたから、人のやっていることを見たり聞いたりして第三者に伝える商売だったわけで、これはまさに他人事なんです。だから今も、ありとあらゆることを他人事だと思ってます。例えば『かぐや姫』もすごい製作費なんですけど……。

川村　確か公表してましたね。50億円でしたっけ？

鈴木　はい。製作費を公表するのはこれが初めてなんですけど、本当の数字は51・5億。切りがいいかなと思って50億にしました。

川村　なかなか50億円の他人事ってないと思います（笑）。僕なら発狂します。

鈴木　だって、当事者になっちゃったら、とてもやってられませんよ。大胆なこともできないし、責任感をもったらおしまいだね。それに初めは映画プロデューサーって言われるのも苦手だった。いろいろやっていたら、こうなっちゃっただけだから。

負けず嫌いで、気が小さくて、赤字が怖い

鈴木　というわけで、そんなに深く考えないで出版社に入ったものだから、初めは「週刊アサヒ芸能」に配属されたんですけど、続くかどうか自分でもあやしいなと思っていた。それで3〜4年くらい経った頃に「記者とか編集者って商売は、昔でいうと何になるのかな」って考えて、あるとき思いついたんです。「ああ、瓦版屋《かわらばん》だ」って。

川村　なるほど。

鈴木　さらに、「瓦版屋さんを主役にした映画はあったんだろうか」とも思って調べてみたんだけど、いわゆるテレビや映画の時代劇ではいつも脇役なんですよね。しかもキャラクターも三枚目が演じると決まっている。なべおさみさんとか堺正章さんのお父さんの堺駿二さんとか。それで「主役じゃないんだな」と気づいたときに、友人が「お前は実人生から降りるのか」と言った言葉とやっと結びついた。要するに「脇役なんて男の仕事じゃない」ってことだったんだけど、そこで気づいても、もう手遅れですよね。

川村　でも、宮崎駿監督や高畑監督とは編集者時代に出会われているんですよね。週刊誌を経験された後に創刊した「アニメージュ」というアニメ雑誌で、最初は宮崎監督に取材を受けてもらえなくて、それでも3日通って待ったっていう……。なかなか強烈なエピソードですし、30代の頃の鈴木さんの特殊性が表れていると思います。

鈴木　単なる負けず嫌いなんです。取材に行ったのに何もしないでおずおずと会社に戻るのは、ページを落とすことになるし、自分もおとしめられた気分になる。ここで引き下がると自分がだめになっちゃうみたいな気分というか。心配性ともいうのかな。

川村　心配性……本当ですか？

鈴木　そうですよ。だって僕は「アニメージュ」の編集長を12年間やりましたけど、赤字が一回もないんです。つまり、毎号部数を変えたんですね。当時45万部くらい売ってたんですけど、何となく感覚で次はどれくらい売れるかわかるから、号によって40万部にしたり43万部にしたり、5千部単位で。ただ、それは赤字になってみんなで落ち込むのが怖い気の小ささの証明で、それでいうと映画もそうなんです。僕は『ナウシカ』から始まって『風立ちぬ』まで、おかげさまでマイナスは一回もない。つまり、挫折知らずで打たれ弱い。そして映画づくり30年目にして初めて挫折の危機を感じているのが『かぐや姫』というわけです。

川村　いやいや。でも、あえてそういう作品で初めてとてつもない製作費を公表するのが、鈴木さんらしいですね。

鈴木　多少は自分を追い込まなきゃ。

川村　多少どころじゃないですよ(笑)。

高畑勲と宮崎駿はつくり方が真逆

川村　『かぐや姫』、すごく面白かったです。アート・オブ・フィルムとしても観られますし、あのオリジナリティは日本映画どころか、世界でもないかもしれません。『竹取物語』という多くの人がストーリーを知っている古典なのに、途中まで「この先どうなるんだろう」という興味で観ている自分がいました。

鈴木　でしょ？　しかも高畑さんって面白い人なんですよ。「『かぐや姫』の映画は誰かがつくるべきだ」って言うから、だったら高畑さんがやってくれと言ったんだけど、「やるべきだとは言ったけど、自分がやろうとは思わない」と。それで、なんだかんだでやっとやってくれるってことになって話をしていったら、いきなり「かぐや姫って数ある星の中でなぜ地球を選んだんですか」と聞いてくる。

川村　答えられないですよね（笑）。

鈴木　そうしたら、自分で原作を読み始めて「出来事ばかりで、そのときどきに姫がどう思ったのかは書かれていない」と言うんです。そのうち「計算してみると、姫は地球に3年半います。その間に彼女がどんな気持ちで過ごしたのかがわかれば、映画になる」って言い出した。

川村　なるほど。理詰めなんですね。

鈴木　そうなんです。だから、『かぐや姫』ではまさにそこを描いていますよね。

川村　ちなみに、少し前にこの企画にご登場いただいた宮崎駿監督は、絵を描きながら結末を思いつく人だなと感じたんですけど、高畑監督は理屈から逆算してシーンを描いていく。アプローチが真逆のお二人だなと思ったんですが……。

鈴木　宮さん（※宮崎駿監督）という人は、彼の初めての長編劇場公開作である『ルパン三世　カリオストロの城』が出来上がったときも、いろんな伏線を敷いておいて、後で全部がつながってくる。計算に基づいた映画だなぁと初めは僕も感心したんだけど、付き合っていくとわかってくるんです。実は全然計算がない。もう、大変ですよ。

宮崎駿の映画には脚本がない？

鈴木　例えばいちばん困ったのは『ハウルの動く城』で、1時間半くらいできたところでいろいろな話が立ち上がっていて、「どうまとめるのかなぁ」と見ていたら、案の定、宮さんが僕のところに来て「どうしよう」って。

川村　スタッフが作画に入ってしまっているから、引き返せないわけですね。

鈴木　そうです。でも、運がよかったのは、僕が『グッドナイト・ムーン』というハリウッド映画を思い出して、ジュリア・ロバーツが恋人の不倫相手と元女房の子を育てる話なんだけど、いろいろあって最後、元女房が病気だとわかった旦那の結論が「不倫相手も元女房も子どももみんな一緒に暮らそう」だった。で、この話を宮さんにしたら、察しが早いから「わかった、わかった」って。それであのラストシーンができた。最後に全員登場しちゃう。それならみんな納得するだろうっていう。

川村　僕は高校生のときに『天空の城ラピュタ』や『となりのトトロ』を観ながら脚本を書き出してみたりしたんですけど、宮崎監督の作品はテキスト化するとかなりシンプルで驚きました。なのに、実際の映画はあの情報量なわけで……全部絵で補完してしまっている、その絵の力に驚嘆しました。

鈴木　お話は単純で表現が複雑ということです。宮さんはシナリオを書かないんですけど、それは、描きたくないシーンを設定しなければいけないのがいやなんですよ。だからこそ、独特の作品ができたとも言えるんだけど。

川村　たぶん、世界的に見ても脚本なしでメジャーなヒット映画をつくったのは、宮崎監督以外にいないと思います。そしてそれをやらせちゃう鈴木さんもすごい。ゴールが見えないつくり方をしているのって怖くないですか？

鈴木　怖いというより、興味のほうが先に立っちゃう。どうなるんだろうっていう……。それと、やっぱり僕は根っこが編集者なんで、映画づくりも原稿を取るみたいなものなんです。「宮さん、そろそろ次を考えましょう」とか言って。

最近はみんな丁寧につくるから中身が時代とズレてしまう

鈴木　でもさ、2週間に一本映画が公開されていた時代は、シナリオが途中までしかできていないのに撮影に入っちゃう作品はいっぱいありましたよ。例えば連続殺人犯だった大久保清事件っていうのがあって、大久保が逮捕されて事件を題材に映画がつくられたんだけど、はい、何日後に封切られたでしょう？

川村　普通なら1年後ですよね。

鈴木　僕の不確かな記憶だと数週間後なんですよ。

川村　それはどうして成立するんですか？

鈴木　要するに逮捕されてすぐつくっちゃったからなんだけど、そのせいで映画がビビッドだったし、中身も時代からズレなかったんだよね。最近はみんな丁寧につくるから、全部ズレちゃう。だから、真面目なことを言うと、そこを僕らは必死に考えますよ。

川村　そのことに関連して、一つどうしても聞きたいことがあるんです。『風立ちぬ』のラストシーンで、主人公の堀越二郎に向かって黄泉《よみ》の世界にいる妻の菜穂子が言う「来て」という台詞が、最後の最後で「生きて」に変わったというのは本当ですか？

鈴木　簡単に言うと、宮さんの描いた原作漫画のラストシーンでは「来て」だったんだけど、僕は日本人にとってそれは正解なんだろうか……と考えたんです。というのも、僕らは死んだ人はいつもそばで見守ってくれているっていう感覚が強いから、こちらからわざわざあの世に行かなくたっていいんじゃないかなと。その一方で映画の宣伝のことも考えていたんだけど、「生きねば」って言葉を思いついて、そのコピーを書いた仮のポスターをつくって、宮さんの見るところに貼っておいた。そうしたら宮さんが「なんだこれ！」って（笑）。

川村　だって「生きねば」は漫画『風の谷のナウシカ』の最後のカットに出てくる言葉ですからね。

鈴木　そう。あとは映画の中に「力を尽くしてこれをなせ」という言葉が出てきますけど、これも極めて日本的で、短い言葉にすれば「生きねば」ってことでしょ。そんなこともあって、宮さんもかなり悩んで「生きて」という台詞に変えたんです。

川村　これぞ究極のプロデューススですね。ポスターを貼るだけで気づかせる。触らずに動かすっていう（笑）。

鈴木　何もやってないですから（笑）。

川村　それがまさに鈴木敏夫流なんです。当事者じゃないふうにして当事者！

鈴木　そうかな（笑）。

なぜ、宮崎駿は引退したのか？

川村　それにしても、宮崎監督の引退は本当にショックでした。

鈴木　宮さんはやり方を変えられないんです。要するに、大変な肉体労働なんですよ。自分で描きながら、原画に指示を出して、自分でも直す。何十万枚という絵の全部に手を入れる。絵コンテで終わらせることができない人なんです。だから、しんどかったんでしょうね。そこは僕も無理に引き止めることはしなかったです。それでいうと、僕は『かぐや姫』のときの高畑さんの体力にはあきれ返りました。78歳が最後は1カ月以上休みなしで、午前2時までですよ。僕、結構付き合ったんだけど、こっちがふらふらでした。

川村　高畑監督といえば、音楽家の久石譲さんを見いだした人でもあると聞いたことがあります。

鈴木　『ナウシカ』にプロデューサーとして参加してもらった高畑さんが音楽も担当するってことになって、配給をやった徳間ジャパンのレコード部門がリストアップした有名な音楽家のLPレコードを一人ずつ聴いていった。僕も当時付き合って音楽の聴き方をずいぶんと勉強したんだけど、「この人は高度なものをつくっているけど、熱血タイプではなくて曲が冷めている。『ナウシカ』に合うんだろうか」って感じでどんどん消していくんです。それで最後、ある人がまだ無名な久石さんを出してきて、曲を聴いた高畑さんが「この人は熱いものがあるから、宮さんと共通項があるかもしれない」って。

川村　だとしたら、高畑監督の音楽プロデューサー的な感覚が、その後の宮崎・久石コンビを生み出したと言えますね。『千と千尋の神隠し』も『となりのトトロ』も『崖の上のポニョ』も、曲のパワーで映画も宣伝も魅力が倍加する。音楽映画とも言えますし、ジブリほど音楽に意識的なプロダクションはないと思います。

鈴木　確かにそのとおりで、『ナウシカ』のときにオーケストラでちゃんとやろうって言い出したのも高畑さん。日本映画はそれまでそんなことはなかった。そうやって見ると、高畑さんがいなきゃジブリの音楽はないですね。

久石譲を見いだした高畑勲の音楽的感覚

川村 『かぐや姫』では今度は高畑監督と久石さんがコンビを組んでいて、音楽も素晴らしかったです。

鈴木 そこは君がプロデュースした『悪人』という映画に関わってくるんだけど、あれも音楽は久石さんですよね。

川村 そうですね。

鈴木 普通はどうしても登場人物の喜怒哀楽に音楽をつけちゃうんだけど、『悪人』では丸ごとその状況に音楽をつけてるんですよ。しかも、音全体で物語の不安感を出している。『かぐや姫』でも高畑さんが欲しかったのは、久石さんのあの感じなんです。

川村 確かに『悪人』では、登場人物の感情ではなく、〝悪人〟という言葉というか世界観に音楽をつけていただきました。

鈴木 そこはやっぱり引っぱり出したんだよ。あの映画は、まさに久石さんの新しい側面を引き出していたよね。

土壇場になれば何かアイデアが出てくるだろうと思ってる

川村　最後に聞きたいことがあるんですけど、鈴木さんは「作品がこけても落ち込まない」って発言をどこかで読んだことがあるんです。それが本当だったら、すごすぎるなぁと。

鈴木　つくることが面白かったから、お客さんが来るか来ないかなんて、あんまり気にしてこなかっただけで、要はどんな映画も全部ヒットさせればいいんですよ。

川村　僕も自分が面白いと思わないとつくれない人間ではあるんですが、つくり始めると「こんなもの、誰が観たいんだろう」って悩み始める。それで最後のほうは、鬱々としてくるんです。

鈴木　そんなの公開の直前に考えればいいじゃない。『かぐや姫』も、そろそろ考えなきゃと思ったのは公開まで半年を切ってからですよ。そこで初めて「誰が観るんだろう」って思ったくらい。

川村　製作費50億円の作品なのに、怖くないんですか？

鈴木　忙しくて、恐怖を感じている時間はないです。あとは直前だからこそ、もうやるしかないわけだから、いいことを思いつくような余裕をもった状況に自分を置こうとする。しゃかりきになっても降りてこないから。土《ど》壇場《たんば》になれば何か出てくるだろうと思ってる。根拠のない自信ですよね。

川村　それはあまりに頼もしすぎる発言ですけど、ほとんどの人は何も降りてこない恐怖に耐えられなくて、前々から動いちゃうんですよ。

鈴木　焦っちゃだめだよね。

川村　そこに関しては週刊誌の人たちの締め切り直前の考える力はきっとものすごいものがあると思うんで、やっぱり鈴木さんのスタイルは編集者的という気がします。

鈴木　ただ、ちょっと偉そうに言うと、西洋の作家はみんな最初にラストから考えると思うんです。でも、日本は『徒然草《つれづれぐさ》』がいい例で、つれづれなるままにお話を進めていく。これ、日本の伝統なんです。日本の漫画連載だって、ラストがわかって描いてるものなんてないですよ。完結しないものも多いでしょ。

川村　そこが予定調和にならないジブリ映画の面白さになっている部分もありますよね。

鈴木　ちなみに最初の話に戻るけど、僕について書かれた『風に吹かれて』って本で校正を読み直したときに、はっきりと自分のこととしてわかったのは、何の計画性もない人生だなと。そして、これはあえて言いますけど、宮さんも高畑さんもそう（笑）。みんな行き当たりばったり。明日のことなんてわかりませんよ。

川村　いやぁ、もうまったく参考にならないけど、鈴木さんはやっぱりすごいと思います（笑）。

鈴木　それは参ったな（笑）。まぁ、とにかくもっと、どんどん映画もつくってよ。いちばんつまらない映画で大ヒット、が面白いと思うよ。

川村　面白くないです！　もう、他人事だと思ってひどいなあ（笑）。

（2013年11月　東京・小金井のスタジオジブリにて）

復習

製作費50億円を超えるプロジェクトのど真ん中にいながら「自分は野次馬だ」と鈴木敏夫は言う。

『風の谷のナウシカ』『となりのトトロ』『火垂るの墓』『もののけ姫』『千と千尋の神隠し』『風立ちぬ』そして『かぐや姫の物語』まで。

日本一の映画プロデューサーは「当事者」としてではなく「傍観者」として、時代と作品を正確に捉え、高畑勲と宮崎駿を導いてきた。

その言葉には「最高の野次馬」としての情熱と誇りを感じる。

そしてその姿勢は、編集者として宮崎駿に出会い、取材を受けてもらうために3日間通い詰めた30代の頃と、何も変わらないのだろう。

対談中、僕が用意した質問はすべて意味をなさなかった。気づけば脱線ばかりでまったく違う話をしてしまい、「何も聞けなかったなぁ」と反省しながら帰ることになった。それなのに、帰る道すがらで、なんだか楽しくなっている自分がいた。そのときふと思った。鈴木敏夫はいつもこうやって予定調和を崩し、人を楽しく働かせて、自分以外のすべての人を「当事者」にするのではないかと。

今度会ったら正解かどうか聞いてみよう。

きっと答えてはくれないだろうけど。

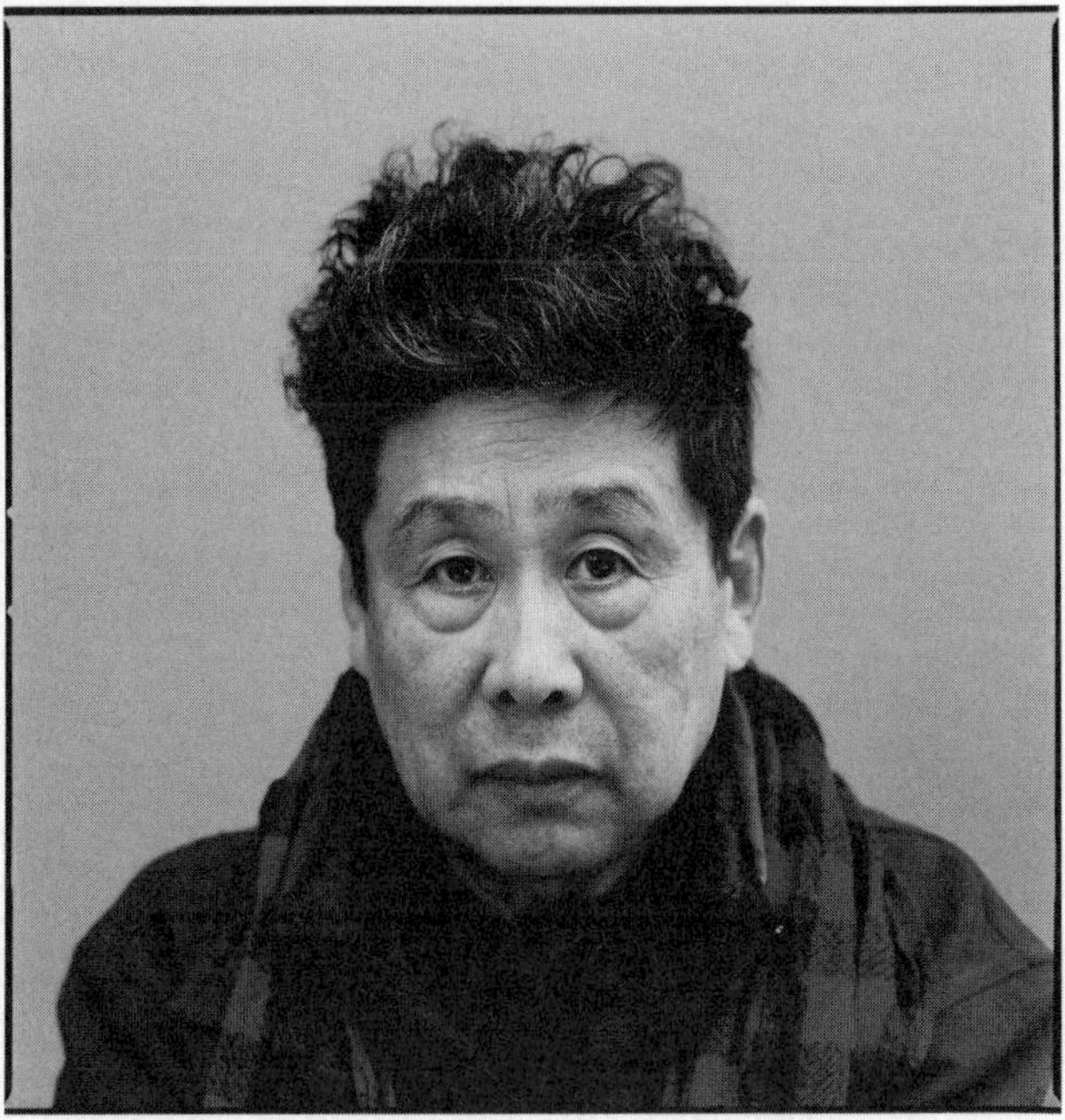

横尾忠則

自分が崩落していく感覚の先に
新たな道を見つけることも多いと思います。

横尾忠則

Tadanori Yokoo

1936年　兵庫県西脇市生まれ。
1956年　神戸新聞社に入社。
1969年　第6回パリ青年ビエンナーレ展版画部門でグランプリ受賞。
　主演を務めた大島渚監督の映画『新宿泥棒日記』公開。
1970年　日本万国博覧会「せんい館」のパビリオンをデザイン。
1972年　MoMAにて個展。以降、国内に限らず海外の美術館でも数多くの個展を開催。
1981年　MoMAでピカソ展を観て、画家宣言。
1984年　モーリス・ベジャールの『ディオニソス』(ベルギー国立20世紀バレエ団、ミラノ・スカラ座公演)舞台美術を担当。
1985年　第13回パリ・ビエンナーレ招待出品。
　第18回サンパウロ・ビエンナーレ招待出品。
1993年　第45回ヴェネチア・ビエンナーレ招待出品。
1995年　第36回毎日芸術賞受賞。
2001年　紫綬褒章受章。
2008年　小説『ぶるうらんど』で第36回泉鏡花文学賞受賞。
2011年　旭日小綬章受章。朝日賞受賞。
2012年　神戸に兵庫県立横尾忠則現代美術館が開館。
2013年　香川県の豊島に「豊島横尾館」開館。
　山田洋次監督作『東京家族』のポスターを手がける。
2014年　山名賞受賞。
　パリのカルティエ現代美術財団より30周年記念展のための依頼を受け、100人以上の肖像画を制作、出品。
2015年　第27回高松宮殿下記念世界文化賞受賞。
2016年　『言葉を離れる』で第32回講談社エッセイ賞受賞。
2018年　第5回東京装画賞(Hall of Fame/名誉の殿堂)受賞。

※上記は全仕事の一部です。

予習

1 誰かとコラボレーションをするとき、何にこだわりますか？

2 36歳でMoMAの個展。どうやって実現させたのですか？

3 人生の転機は、どういうかたちで訪れるものですか？

4 転機が訪れたときに、どうやって決断しましたか？

5 知性と感性のバランスをどう考えていますか？

6 評価につながりそうにない仕事でもやるべきですか？

7 自分を変えたいときに、何をしたらよいのでしょうか？

36歳でMoMAの個展開催までたどり着いた理由

川村　この企画に登場いただいたさまざまな巨匠の方々から「横尾さんには絶対に会ったほうがいい」と言われていたんですが、僕のようなエンターテインメント寄りの人間からすると、美術の世界の大御所とお会いするのは勇気がいって、ちょっと緊張しています。

横尾　いやいや。僕もアートとエンターテインメントを股にかけてますよ。

川村　もともとは今のように画家ではなく、グラフィックデザイナーとして活躍されていたんですよね。

横尾　まだ自信がなくてね。１９６７年、31歳のときに初めてニューヨークで個展をやったんですが、そのときにＭｏＭＡが作品を全部買い上げたんです。個展をやったギャラリーはアンディ・ウォーホルやジャスパー・ジョーンズ、ロバート・ラウシェンバーグなんかのポップアーティストのポスターだけを集めている画廊で、当時はデザイナーの意識が強かったから、アーティストのギャラリーで個展をやることで化《ば》けの皮が剝《は》がれるんじゃないかという怖さがあったけれど、MoMAが買ったことで自信がつきましたね。

川村 そのとき出展されたのは？

横尾 ほとんどはシルクスクリーンでつくった演劇のポスターなんだけど、依頼されてつくったのではなく、架空のクライアントを設定した自主制作です。本来はポスターの体裁をとったグラフィックアートと呼ぶべきだったね。そこをMoMAは感じ取ってくれたんじゃないかな。そんな経緯もあって、5年後にMoMAでの個展が開催された。

川村 まさに横尾さんのキャリアで出色なのは、36歳にしてMoMAを通じて世界に認められたということだと思います。ただ、横尾さんは寺山修司さんや唐十郎さんなどアングラ劇団のためにもポスターをつくられていますよね。それも自主制作だったということですか？

横尾 そこは微妙なところで、宣伝のためのポスターというより、例えば唐十郎さんなんかは「街に貼る目的ではなく、招待者にプレゼントするポスターでいい」と言うんです。だから、一般的な宣伝のためのポスターとはちょっと異なって、制約も条件もまったくない。あるのは締め切りだけ。

川村　となると、グラフィックデザイナーのときから、画家と変わらない状況でもあったんですね。

横尾　当時すでに『ピンクガール』のシリーズのタブロー（※油絵）を描いてましたし、もともと画家になろうと思っていてグラフィックは生活の手段として始めたんですが、若い時期に評価されてしまって、生活の基盤になってしまったんです。でも、グラフィックの教育を受けているわけではないから、さっぱりわからないんですよね。僕は美術の教育も受けていない。全部独学です。

川村　独学でＭｏＭＡまでいくのですから、本当にすごいです。

「お互いここまで」という役割分担をするとつまらない

川村　横尾さんは、さっきも名前が挙がりましたけど唐十郎さんなど演劇人だけでなく大島渚監督といった映画人、ほかにも文学なら三島由紀夫さん、写真なら篠山紀信さんなど、いろいろな分野の方とのコラボレーションも多いですね。やっぱり、誰かとやりながら、自分の型をつくっていった感じですか？

横尾　そうですね。ただ、コラボレーションは目的でも手段でも何でもなかったんです。みんな若いし、出会うと何かそこに創作のきっかけみたいなものが生まれるんですよ。それで「やりましょう」みたいな感じでね。

川村　勢いがある者同士が出会うと、それだけでクリエイションが発火する瞬間があるんでしょうね。

横尾　そういう時代でした。今のようにクライアントがたくさんなかったし、あの時代だから生まれた人間関係だった気がしますね。

川村　どこでお会いになるんでしょうか？　やっぱりお酒の場ですか？

横尾　酒の席で盛り上がってそれが仕事に結びつく、それで人脈をどんどん開拓していく社交家も結構多いですけど、僕はお酒が飲めないので、そういうところには行かない。まったく没社交家です。無理矢理誘われて出かけても、場違いなところにいるという感じでした。基本的には傍観者でそんなにしゃべりもしないし、眺めているだけで「早く帰りたいな」と（笑）。

川村　じゃあ、その得体の知れなさみたいなものにみんな興味をもってお願いしていたのかもしれないですね。

横尾　得体は知れてるんですけどね（笑）。

川村　最近は山田洋次監督ともご一緒されてますね。監督とは僕もお付き合いさせていただいているのですが、横尾さんの代表的な作品の一つである『Y字路』のシリーズで手がけられた『東京家族』のポスターは、映画と絵画の関係としてすごく面白いと思います。

横尾　僕は東京23区のY字路を撮った写真集を出しているんだけど、山田さんがその中から一点を選ばれた。その場所をさらに絵にしたわけです。ポスターにはテーマカラーとしてオレンジ色を使って。

川村　しかも、映画の中でそのY字路が頻繁に出てくるわけではないのに、横尾さんの選んだオレンジの色合いとか温度感みたいなもので、映画そのもののトーンが決まったところがあるんじゃないかと感じました。

横尾　まぁ、でも観客や映画の製作側の人間も、あまり映画のポスターのデザインを重要視してないんじゃないですか。観客動員の手段としてのポスターであればいいという考え。僕なんかはお客が一人も入らなくてもポスターとして自立できるとか、面白いものができればいいっていう発想でつくりますから（笑）。さっきも言いましたけど、僕は状況劇場や天井桟敷《てんじょうさじき》との仕事から出発していて、唐さんや寺山さんは僕のポスターでお客が入るなんて全然期待していなかった。僕に頼むこと自体が、彼らの演劇的範疇《はんちゅう》に入っていましたから。

川村　今は作品と宣伝が分かれているけど、広告物も含めてすべてが作品だということですね。それは実はとても理想的だし、観客にも響くやり方だと思います。

横尾　そうですよね。目的をもつと縛られてしまうけど、描く自分がまず楽しめればいいという発想です。

川村　今のお話を聞いていて、本来的なコラボレーションや共同創作の醍醐味《だいごみ》は、確かにそういうところにあるように感じました。

横尾　最初から「お互いここまで」みたいなラインや役割分担ができてしまうと、つまらないですよ。越境してみたり、寸足らずだったりということが重要。人間関係の中で生まれることを大事にするのが本来のコラボレーションだと思います。

自分が崩落していく感覚の先に新たな道を見つける

川村　越境という意味では、33歳のとき、横尾さんは大島渚監督の『新宿泥棒日記』という映画に、役者として主演もされてますね。

横尾　完全に想定外でしたが、ジャンルを超えた仕事をすると、自分の中の既存価値が崩れる。それはある種の快感でもありましたね。

川村　僕も最近、映画以外に小説を書いたり絵本をつくったりしているんですが、未知の世界なので、横尾さんが言うようにだいたい型崩れを起こします。ただ、僕はそれが快感ではなくて、怖いんですよね。

横尾　でも、俳優が怖がるのはわかるけど、僕は素人だから、いったい何が怖いんだかわからない。批判されたり陰口をたたかれても、僕の知ったこっちゃない。素人をうまく扱わなかった監督の問題だから。僕が下手なお芝居をしていたら、上手くなるまで監督はしつこく僕を特訓すればいいわけで。

川村　なるほど。

横尾　暴走トラックか何かがどーんと飛び込んできて足が揺らいで倒れたときに、倒れてみないと見ることができない風景があると思うんですよ。

川村　変化が怖いというのは僕だけでなく、多くの人が感じることかもしれません。だから、なるべく自分が見えている道を走っておいたほうがいいとなってしまう。

横尾　でも、自分が見えている道というのも不確かなものです。見えているように思っているだけで、本当は何も見えていない。特に僕は自分が崩落していく感覚の先に新たな道を見ることに期待するタイプだけど、唐突なことによって、先の道がはっきり見えるかもしれませんよね。

考えて決めたことではなく、唐突な状況変化が人生を変える

川村 グラフィックデザイナーから画家に転向されたときは、自ら逃げ場をなくして、今までの自分が崩れざるを得ないやり方を選ばれたんでしょうか？

横尾 45歳のときでしたけど、そういうのは計算してできるものじゃないですね。それまでグラフィックを25年くらいやっていて、先を考えたときに、少なくとも過去の実績の上にあぐらをかいた生き方しかないなという感覚はありましたけど、魔が差したというのかな。

川村 魔が差して画家宣言……。

横尾 そうですよ。MoMAでピカソを観ていたとき、ものすごく混んでいてなかなか動けなくて、目の前にある作品を飽きるぐらい観ていたら、ある瞬間「絵を描こう、画家になろう」と思った。非常に衝動的なものでした。人生の啓示ですね。

川村　美術館が混んでいなければ、画家には転向していなかったと。

横尾　ピカソのせいですよ。僕が画家になったことも、もしも絵で失敗したとしても、全部ピカソの責任。そのくらい無責任に考えとかなきゃ決断できませんね。

川村　ピカソの責任！　確かに絵画というのはそれくらいの力はありますよね。

横尾　絵画には人生を変える力がありますよね。シュルレアリストでイヴ・タンギーって人がいるんだけど、あるときバスに乗っていて停留所で止まったときに、目の前にギャラリーがあって、そのウィンドウに見たことのない絵があった。それを見たいがためにバスを飛び降りたら、その絵がジョルジョ・デ・キリコのものだった。それで彼は画家になるんですよ。

川村　魔が差したんだ……。

横尾　でも、たいてい自分の中に変化が起こるときというのは、状況が変わったときですよね。だから、自分を変えたいなら、環境を変えればいい。僕は人生を変えたいとか、グラフィックをそろそろやめたいとか絵を描きたいとか考えてもなかったけど、状況がそうさせたということです。

川村　啓示に従うほうが、考えて選ぶ道より正解なのかもしれませんが、何も約束されていない方向に舵《かじ》を切り変えるのは、やっぱり怖いです。

横尾　論理的な人は順序だてて物事を考えられるけど、僕はそういう頭をもち合わせていないというのも幸いしたんじゃないかな（笑）。

自分で自分の絵に驚きたい

川村　ちなみに、僕は横尾さんの『Y字路』を初めて見たとき、かなりドキッとさせられました。小さいときに、夜の坂道を上っていくとY字路があって、街灯があるんですけど、その下にルネ・マグリットの絵に出てくるようなシルクハットの男が立っているという夢をよく見ていたせいもあるんですが。

横尾　僕は、Y字路はもう飽きちゃって。様式を変えてみたり、別の表現を導入して物語性をもたせてみたりするんだけど、もっと抽象化して、別の作品になってもいいんじゃないかと考えてるんです。コラージュのシリーズも40年ほど前に描いた絵を再び反復させたり、何をしようとしているのか自分を攪乱させちゃう。

川村　それでも横尾さんのコラージュ作品はいつ見てもドキッとさせられるし、ものすごいパワーを感じます。現実には存在し得ないはずのものが混じっていたり、あり得ないことが起きているからなんですけど。

横尾　もともと世界には相反するもの同士が共存していて、街も、人がたくさん集まる場所もみんなコラージュなんです。でも、最近はそれがありきたりの現実になってきているので、従来の発想を変えなきゃと思ってますね。僕は見たこともなければ描いたこともないもので、自分で自分に驚きたいんだけど、なかなか驚けないですね。

川村　確かにYouTubeを見ていても、今は複数の映画をつなげて一本の映画ができていたりして、それが意外と面白かったりもする。この手のものがあふれていると、オリジナルでものをつくるのは大変だなと感じます。でも、その一方で絵を描くということは原始的なもので、だからこそ横尾さんは画家宣言をして正当な挑戦をされた気がするんですが、今の日本にそのような職業画家は存在するのでしょうか？

横尾　絵を描くという原始的なところを飛び越えて、時代の潮流に従った傾向で〝結果〟を優先する人が多いですね。僕だって立体をつくりたいとか映像をやりたいという気持ちはあることはあるけれど、絵の中でやろうと思えばできてしまう。建築をやりたいと思うなら、絵の中に自分のつくりたい建築を描けばいい。そういう意味でレオナルド・ダ・ヴィンチは「絵に勝るものはない。絵に近いものはせいぜい音楽だろう」と言っています。

川村　その感覚はちょっとわかるところがあります。僕の父は絵や音楽が好きで、小さい頃からよく美術館やライブハウスに連れていってもらったんですが、そのせいもあってか、仕事のヒントは映像よりも絵や写真、音楽からもらうことが多いです。

横尾　絵というのは描いても描き切れないというか、どこで筆を置いていいかわからないところがある。僕の絵はほぼ未完なんだけれど、描き始めて5分後が完成かもしれないと思う一方で、30分で終わる絵も早すぎる。つまり、ある程度の時間をかけて描かないと絵に対して礼節がなさそうな気がするんだけど、単純に筆を置く勇気があればいいだけで、結局、全部描いてしまって「しまった」と思うこともあります。

川村　絵に対する愛情みたいなものとは違うんですよね？

横尾　絵に限らずすべてに対してあまり愛さないほうがいいよね。家族や友人や恋人への愛もほどほどでないと、愛でもなんでもなくなって単なる情になってしまうから。

全部を評価に結びつけようとすると、どれも手を出せない

横尾　だけど、川村さんはまだ34歳ですよね。年齢的に若いんだから、自分を規定す

る必要はないですよ。誰かとの出会い頭でいろんなことをやればいい。僕も30代の頃はそんな感じでしたよ。来る者拒まず、場違いなものにずいぶんと首を突っ込み、およそ身分不相応な仕事も全部引き受けていました。

川村　全部、ですか？

横尾　そうです。だめな自分は普段の自分ではないわけで、違う次元の自分が発見できるんじゃないかという好奇心がありました。だから、全部が評価につながるわけじゃなかったですね。全部を評価に結びつけようとすると、どれも手を出せないでしょ。

川村　確かに。でも、なかなかそこまでタフにはなれないですね……。

横尾　タフなのかな。「ちょっとこの期間は空いています」という時間や自分の実人生を、何かで全部埋めたかっただけなんじゃないかなと思います。でも、今どこかに連れていかれて、「ここで歌を歌いなさい」と言われても、断わりますよ。もう分別《ふんべつ》がついているから。要するに僕は長い間、分別がつかなかったということです。

川村　ただ、少なくとものをつくるうえで、分別は危険かもしれないですね。

横尾　そうですね。人間っていうのはどこかで物心がついて、社会性が出てくると、やっていいことといけないことを選択できるようになって、そこから保守的になっていく。でも、例えば僕は70歳になったときにまだ40歳くらいだと感じていましたが、それは極端な話だとしても、他人から見たときに幼稚に思われたくないという気持ちがあると、ものをつくる人間には邪魔になる。

川村　わかります。40代を超えても現役の第一線で活躍をされている方の共通点は、童心みたいなものを自分の中につかまえられている、ということだと思います。

横尾　それが核だと思います。芸術的創造の核はアンファンテリズム、幼児性というのかな。幼児性を率直に表現すれば、そこに自ずと多様性というアイデンティティは出てくるわけです。だけど、幼児性を思想化したらその時点で、その人は終わり。

川村　ピカソも子どもの絵と見間違われるぐらいのことを50歳を過ぎてやっていますね。

横尾　立派な思想で絵を描いたって面白くないということです。今は現代美術のアーティストでも作品の裏づけをとって解説する人が多いけれど、必要ないですよ。

ゴッホとゴーギャンの区別がつかなくたっていい

横尾　あと、いつの頃からか、ビジュアルよりも言葉を信じる社会ができつつあると思いませんか？　特に3・11以降は、いっそう言葉が重視されつつあるように感じますね。

川村　本当にそう思います。

横尾　東日本大震災の被災者たちを言葉だけで救うことが本当にできるのかどうかということです。でも、そんなものでは埋まらないと思うんですよ。やっぱりジャーナリズムは言葉の文化なんですよね。ジャーナリストが語ったり、誰かが書いた言葉は理解できるけど、ビジュアルになったらさっぱり理解できない。

川村　ちょっと話は逸れるのかもしれませんが、僕、美術館のオーディオガイドって苦手なんです。絵がもっている意味や正解は自分の感覚の中にあって、描いた人と自分との会話が面白いわけじゃないですか。

横尾　そうそう。

川村　なんでもそうですけど、自分の中に意味や正解を見つけるべきなのに、この絵を描いたときにこの画家はこうで……と説明されてしまうのは、しんどい時代だなと。

横尾　やっぱり、頭は嘘をつくけど、肉体は嘘をつかないということです。観念じゃなくて、感覚で絵を観る。そういう意味ではゴッホとゴーギャン、ピカソとマティスの区別がつかなくたっていいと思う。僕なんかもわからないときがあります。芸術は知識じゃないので、それくらいのおおざっぱさ、無頓着性があっていいと思いますね。

川村　僕も最近は絵の横にあるプレートすら見ないですね（笑）。

横尾　見る必要はないですよ。学校教育も美術を知識に変えてしまっているけれど、だめですね。

知性や知識ではなく、感覚や経験で観る

川村　いずれにしても、文章化したり知識化してしまうと、本来的な面白さが失われたりしますよね。

横尾　だから川村さんも、絵描きや音楽家と付き合ったほうがいいですよ。例えば小説家と付き合うにしても、僕は寺山修司さんなんかとは付き合いがありましたけど、彼の本は一冊も読んでない。彼の観念の部分ではなく感性の部分と付き合っていた。

川村　ちなみに、横尾さんのこちらのアトリエは磯崎新さんの設計だと聞いていますが、建築家なんかはどうですか？

横尾　まぁ、小説家よりは感性が豊かですよね（笑）。僕なんかが建築をやっても、

人の住めないものならつくれますけど、人が住むためには技術はもちろん、歴史や文化など、あらゆる知性や教養が必要になってくる。建築家の作業は究極に理性と感性のバランスが必要とされるものだと思います。でも、もうこの年になったら、知性も知識もいらないですね。感覚や経験の中にそれも全部入ってるわけだから。

川村　じゃ、次回は難しい話は抜きでお邪魔させてもらえたら……。

横尾　まぁ、老人と付き合うっていうのはいいことだと思いますよ。特に大人になれなかった幼い老人とね。

川村　老人だなんて思ってないです（笑）。

横尾　山田洋次監督と一緒にまずはお茶でも飲みにきたらいいですよ（笑）。

（２０１３年12月　東京・成城の横尾忠則アトリエにて）

復習

「誰かとの出会い頭でいろんなことをやればいい」

寺山修司、三島由紀夫、大島渚。あらゆるジャンルの才能とグラフィックで切り結び、コラージュポスターの傑作を生み出してきた横尾忠則は、36歳でＭｏＭＡの個展まで登り詰めた。

そして45歳で突然の画家宣言。

「自分が見えている道というのも不確かなもの。見えているようで本当は何も見えていない」

そう語る〝画家〟は、自分が崩れていく感覚の先に、新たな道を見つけようとした。そして傑作シリーズ『Y字路』が生まれた。

別れ際「名前を書いて」と分厚いインド製のノートを渡された。

最初の署名は１９８０年。それ以降30年以上にもわたって、無数の創り手の名前で埋め尽くされていた。横尾忠則はこうしてさまざまな人と出会い、自らを崩し、新たな道を見つけ、創造してきたのだろう。

自分が崩落するのは怖い。新たな道に踏み出す勇気もない。でもきっといつか、そうしなくてはならない日がくる。今自分が見えている道が正しいかどうかなんて、誰にもわからないのだから。

インドからやってきたノートが、そう囁いているような気がした。

坂本龍一

勉強とは
過去の真似をしないためにやるんです。

坂本龍一

Ryuichi Sakamoto

1952年　東京生まれ。
1970年　東京藝術大学入学。
1975年　スタジオミュージシャンとしてキャリアをスタート。
1976年　東京藝術大学大学院修士課程修了。
1978年　ファーストアルバム『千のナイフ』でソロデビュー。
細野晴臣、高橋幸宏とYMO(イエロー・マジック・オーケストラ)を結成。
1983年　YMO散開(1993年再結成)。自ら出演・音楽を担当した『戦場のメリークリスマス』で、英国アカデミー賞作曲賞ほか数々の音楽賞を受賞。
1987年　自ら出演・音楽を担当した『ラストエンペラー』で、ゴールデングローブ賞、日本人初の米国アカデミー賞作曲賞ほか数々の音楽賞を受賞。
1990年　音楽活動の拠点をニューヨークに移し、移住。
1999年　マキシシングル『ウラBTTB』がミリオンセラーとなり、インストゥルメンタルとして初のオリコンチャート1位を記録。
2003年　小林武史、櫻井和寿と自然エネルギーをはじめとした環境に対するさまざまなプロジェクトに融資を行う一般社団法人「ap bank」創設。
2006年　青森県六ヶ所村の核燃料再処理施設に反対し、「Stop Rokkasho」を開始。
2007年　森林保全団体「more trees」創設。
2009年　フランス政府から芸術文化勲章オフィシエ受勲。
2010年　NHK Eテレで『スコラ　坂本龍一　音楽の学校』開始。
2013年　大河ドラマ『八重の桜』でテーマ音楽を担当。
ヴェネツィア国際映画祭でコンペティション部門の審査員、山口情報芸術センターの10周年記念祭のアーティスティックディレクターを務める。
2014年　「札幌国際芸術祭2014」ゲストディレクターを務める。
中咽頭癌の罹患を発表、治療と療養に専念。
2015年　山田洋次監督作品『母と暮せば』、アレハンドロ・ゴンサレス・イニャリトゥ監督作品『レヴェナント：蘇えりし者』の音楽を担当し、復帰。
2016年　『レヴェナント：蘇えりし者』のサウンドトラックが、米国グラミー賞の最優秀スコア・サウンドトラック・アルバム(映像作品)部門にノミネート。
映画『怒り』の音楽を担当。
2017年　ドキュメンタリー映画『Ryuichi Sakamoto：CODA』公開。
2018年　ニューヨークでの2夜限定ライブを収録したパフォーマンス映画『坂本龍一 PERFORMANCE IN NEW YORK: async』公開。

※上記は全仕事の一部です。

予習

1 誰かを褒めたり、教えたりすることは大事ですか？

2 日本と世界のつくり手に差はあるのでしょうか？

3 なぜ勉強する必要があるのでしょうか？

4 『ラストエンペラー』は、どんな形のオファーでしたか？

5 仕事と遊びのバランスをどう考えていましたか？

6 世界で勝負するために、日本人には今何が必要ですか？

7 ライバルは誰ですか？

「背中を見て覚えろ」みたいなのが苦手

坂本　川村さんは音楽がお好きなんですか？

川村　本業の映画より好きかもしれません。しかも、生まれて初めて聴いた音楽がYMOで、父親が坂本さんのファーストアルバムである『千のナイフ』を毎日のようにかけていたので、2歳にしてそれらを聴きながら踊っていたという……。

坂本　それはそれは……。僕の場合は、あまりにポピュラーなクラシックなのでちょっと恥ずかしいんですけど、最初に好きになって聴いていた音楽はメンデルスゾーンの有名なバイオリン協奏曲なんです。音楽好きなおじさんがいて、彼の部屋にはピアノがあったんですけど、毎週のように遊びに行ってはレコードを引っ張り出して、ピアノによじ登って高い位置にあった昔の蓄音機に手を伸ばしてかけていた記憶がありミす。本当は「最初に好きになったのはドビュッシーです」などとかっこいいことを言いたいんだけど、事実じゃないんで（笑）。

川村　そういう意味では僕は坂本さんの音楽と並行して、ドビュッシーやエリック・

サティを聴いて育ちました。だから、いまだにロックでもどんな音楽でも、光と影の印象が混ざり合っている音楽に惹かれます。

坂本　人間もそうだけど、陰がないと面白くないもんね。なのに、いつの時代も元気なだけの音楽があって苦手です（笑）。

川村　わかります（笑）。ちょっと前だとコーネリアスとか、最近だとバンドの相対性理論とか、出てきたときに自分がいいなと感じていた音楽を、坂本さんが褒めているのを聞くとうれしくなる。何かものをつくっている人にとっては、すごく勇気が湧くんじゃないかなと思います。日本人はなかなか同じジャンルの後輩を褒めない傾向がありますから。

坂本　下に限らず、日本人は褒めるのが下手。この間もどっかで演奏した後で関係者が集まって打ち上げみたいなものがあったんですけど、全然褒めてくれない（笑）。そんなにひどかったのかなとちょっと落ち込んでいたら、しばらくしてメールがきて「すごくよかったよ」みたいなことが書いてあって、「その場で言ってくれよ」みたいな（笑）。

川村　褒めることだけでなく、教えることも下手だったりしませんか？　でも、坂本さんはＮＨＫで講師として出演されている『スコラ』という音楽番組もそうですけど、両方をやられていますよね。

坂本　あの番組は中学生くらいを想定しているんですけど、一応ベーシックを押さえてもらうことを目的にしていて、その後で好きな音楽が見つかったら、あとは自分でどんどん追求していってほしいなという気持ちでやっています。「背中を見て覚えろ」みたいなのが苦手なんですよ。

川村　実は僕もあの風習にはずっと不満をもっていました。

坂本　そんなかっこいい背中もしてないし、自分でも入り口だけはちゃんと教えてもらうという経験をしてきましたから。

「子どもの頃からの夢」をかなえた人が面白いのか？

川村　ちなみに教えてもらうという意味では、芸大在学中はどんな勉強をされたんでしょうか？

坂本　それが遊びに行ってただけで、授業にはほとんど出てないんです。所属していた音楽のほうは良家の子女みたいな人が多くて、現実離れした雰囲気で、付き合いづらかったから、道を挟んだ向こう側にある美術のほうばっかりにたむろしてました。

友人もみんなそっち。だってまともに絵を描いてる人なんて、20人中一人くらいで、みんなむちゃくちゃなことをやってた。暗黒舞踏家とか、ちんどん屋になっちゃったりとか。でも、最近の学生は先生が授業を休むと怒るんですってね。「ちゃんとお金を払ってるんだから、授業をしてください」って。

川村　僕も大学時代は、バンドをやって、映画をつくって、バックパッカーをやって、まともに授業を受けてなかったですね。

坂本　そうですよね。音楽の学校に真面目に行っている人には申し訳ないけれど、ほとんどモノにならない（笑）。演奏家や作曲家は違うかもしれないけれど、例えば音楽の世界のエンジニアなんかで、どこの国でも「うわ、こいつはすごい」って人は、だいたい学校に行ってないんですよね。

川村　結局は丁稚《でっち》奉公《ぼうこう》が強いっていう。

坂本　そういうことです。僕がかわいがっているドイツ人のエンジニアもすごく落ち着いていて、技術も能力も高いんだけど、24歳にしてすでにおっさんくさい（笑）。聞いたら、「14歳から今の世界に身を置いてる」って言ってました。イギリスもそういうタイプが多いですね。「ちゃんと大学を出ないと」みたいなプレッシャーが少ない社会なんだと思います。あと、割と早くから自分が何になりたいかってことを考えさせて、そのためにはこういう知識や技術がいるってことを教えるという傾向も強いんじゃないかな。

川村 坂本さんは何歳のときにミュージシャンになると決めたんですか？ 子どものときからの夢だったりしたんでしょうか？

坂本 仕方なく認めたのは、27歳でYMOを始めた後ですね。予想に反して売れて、有名になってしまったから。

川村 華々しくワールドツアーを回りながら「仕方ない……ミュージシャンにでもなるか」って感じだったんですね（笑）。

坂本 うん。だけど、僕が知っている面白いと思う周りの人間たちで、子どものときから「こうなるのが夢だった」とかいう人はあまり見たことないですよ。川村さんも映画をつくろうと思ってた？

川村 もともと観るのが大好きだったので、つくらないほうが絶対に幸せだろうなとずっと思ってました。結局、苦悩しながらつくってますが……。

坂本 僕も音楽家になろうと思ったことなんて一度もないですよ。だけど、食べていくのに音楽しかできないから、そういう意味では現実的な認めでした。なんとなくなっちゃったっていう（笑）。

本物の音楽にはつくり手の切実な人生や価値観が表れている

川村　27歳でYMOを始めてすぐに世界的にブレイクして、当時の活動期間としては5年くらいだと思いますが、その間「俺たちはすごいことをやってるぞ」っていう感覚はあったんでしょうか？

坂本　YMOの前はスタジオミュージシャンとかアレンジャーとかでだいぶん忙しくなってきて、その仕事をしながらメンバーに出会ってバンド結成というふうになるわけなんだけど、ずいぶん生意気でしたよね。「ローリング・ストーンズとかもそのうち俺にプロデュースを頼んでくるんじゃないの」ぐらいの感じでした。

川村　相当イケイケですね（笑）。

坂本　根拠なんか何もないのにね（笑）。「売れたい」とかは全然考えたことがなかったけど、「こんな最先端の音楽をやってるのは俺たちとドイツのクラフトワークしかないし、これ以上先をいってるヤツはいない」という気持ちはありましたよね。実際、初めてのワールドツアーの一回目のコンサートがロンドンだったんですけど、イギリス人のかっこいいカップルがダンスフロアで踊り出したんです。それを見ていて「あんなカップルを踊らせてる俺たちって、なんてかっこいいんだろう」って（笑）。

川村　でも、その感覚を味わったことがある日本人ミュージシャンが、YMO以降、ほぼ出てきていませんよね。僕は邦楽も洋楽もフラットに聴きますが、邦楽が遅れているとは思わない。例えばサカナクションがやっていることは、言語の問題はあるかもしれないけど、音としては十分に世界に通用すると思うんです。

坂本　欧米の音楽がロックにしてもテクノにしても全部いいわけではないし、技術だって変わらないと思います。世界に行けてもいいはずの子は日本にもいっぱいいる。ただ、表面的な音を聴いただけではわからないものがあるんですよね。

川村　わかります。メロディとか技術という表面的な部分の奥に、歴史の集積のうえでの音色、すごみがあるんですよね。『告白』という映画でレディオヘッドに楽曲を提供してもらったときに感じたんですが、たくさんのアーティストの楽曲がある中でレディオヘッドの曲がかかった瞬間、そこだけ何かが違ったんですよね。

坂本　社会における音楽の価値とか重要度の違いというか、音だけをレゴのように組み合わせればかっこいい音楽ができるわけではなくて、つまらない言葉かもしれないけれど、本気度が違うっていうかね。例えば、1960年代のアメリカなんかは、まだ黒人の社会的地位が低くて、彼らが社会の中で成功するには音楽家になるかボクサーになるか、どっちかと言われたわけです。そこで挫折するとドアボーイで一生終わっちゃうみたいな。今だってイギリスなんかも極端な階級社会だし、アメリカも貧富の差がどんどん激しくなって、生きていくのが大変だから、音楽をやるのもみんな真剣なわけです。そういうところに差が出てくるんじゃないかな。

川村　立身出世《りっしんしゅっせ》というか、そこは本当に言語化できないですね。

坂本　そこに何を託して何を求めるか。本物の音楽にはつくる人の切実な人生や価値観が表れているものなんだと思います。

オリジナリティのある仕事をするために過去を勉強する

川村　坂本さんは『戦場のメリークリスマス』の出演オファーを受けたときに、大島渚監督に「受けるけど、音楽もやらせてほしい」と条件を出したという伝説が有名ですよね。

坂本　自分から言っちゃった（笑）。

川村　映画音楽もやりたいと思われていたんですか？

坂本　やりたいというより、やるべきだと思ったんじゃないかな。経験も知識もないのにね（笑）。僕も無謀だけど、即座にオーケーした大島監督は、もっと無謀ですよ。

川村　しかも曲を書くためにかなり映画音楽を研究されて、「映像の力が弱いところに音楽をつける」という共通点を見いだしたと聞きました。でも、そこまで研究する人は、実はあまりいないと思うんです。

坂本　そうですか？

川村　つまり、映画音楽の正解を踏まえたうえで、外すなら外す。そこで初めてオリジナリティが生まれるんだってことに、気づいてやっている人は少ない気がします。

坂本　音楽でも映画でも過去の作品という膨大な記憶があります。どうしてもその影響を受けるし、受けてないとだめだとも言えるんだけど、そのうえで「これはあれに似てるからやめよう」とか、対話が始まるじゃない。一生懸命自分が考えて発明したつもりでも、やっぱり何かに似ていたりってことはしょっちゅうある。つくるっていうのはそういうことですよね。

川村　でも、白い紙に思いついたことを思うがままに塗りたくるのがクリエイティブだと言う人も……。

坂本　それはだめだな。勉強するってことは過去を知ることで、過去の真似をしないため、自分の独自なものをつくりたいから勉強するんですよ。本当に誰もやっていないことをやれるかどうかという保証なんかなくても、少なくともそこを目指さないと。

川村　そう思います。ただ「過去から学べ」と言う人は多いけれど、「何のために、どう学ぶのか」を具体的に教えてくれる人が少なすぎる気がします。

時間をかけてやったところで、いいものなんてできない

川村　ニューヨークに移住されたのは『戦場のメリークリスマス』の次に『ラストエンペラー』のサントラを手がけた後ですよね。日本を離れたのは、東京や日本人がつまんなくなっちゃったからですか？

坂本　なんとなく行っちゃったんですよ（笑）。当時、僕は39歳で、移住した1990年っていうのは80年代の爛熟《らんじゅく》しきったニューヨークが冷え込んでいくときだったから、タイミング的には相当アホだったと思います。ただ、逆にいうと東京にいたときより、静かで孤独な生活がいまだにできているのは、よかったですね。

川村　やっぱり孤独は必要ですか？

坂本　僕は意志が弱いので、周りに誘惑がたくさんあると、そっちにいっちゃうから。例えばニューヨークに行く前の2年間は、今は幻冬舎という出版社で社長をしてて、当時は角川書店の編集者だった見城徹《けんじょう》とかとほぼ毎日、朝まで飲んでましたからね。

川村　それはすごいな。毎日会っていて、何を話していたんですか？

坂本　よく覚えてないです。壮大な無駄ですよね。でも、そういう遊びがなかったら、あの頃つくっていた音楽もない。「よく学び、よく遊べ」ですよ。両方やんないと、勢いがつかない。本当にあの頃はものすごい量の仕事をしてました。

川村　30代の頃ですよね。

坂本　そうですね。だって、40代になると老化が始まっちゃう(笑)。人間ってオギャーと生まれて20歳くらいまでは心も身体も変化していきますよね。でも、それ以降は成長も止まって、40歳くらいで今度は落っこってくるんですよね。だから、平坦でいられるのって20歳から40歳まで、人生80年としてもたった20年なんです。だからこそ、本当に30代は寝てる暇なんてないないですよ。

川村　そういえば秋元康さんにも「寝ないで仕事をしろ」と言われました(笑)。

坂本　『ラストエンペラー』でオファーがきたときも初めは役者の仕事で、「来週、北京に来い」っていきなりベルナルド・ベルトルッチ監督から電話がかかってきて。「スケジュールが詰まってる」って言ったら「全部キャンセルしろ」と言われて(笑)。でも、行きましたよね。

川村　そこで目の前の仕事をキャンセルできない人はだめなんでしょうね。

坂本　だめですよね。しかも、音楽のオファーも撮影が終わって数カ月も経って、またいきなり電話がかかってきて「来週までに音楽をやれ」って(笑)。結局、チケットも売り終わっていたツアーをキャンセルしましたもん。

川村　そういうことですよね。でも、それでアカデミー賞を受賞されたわけですからね。時間をかけてつくらせてください、なんてあり得ない状況で。

坂本　時間をかけてやったところで、いいものなんてできないですよ。半年でも1週間でもやることはさほど変わらないし、締め切りが目の前にこないと動かないでしょ。

仕事における「モテの壁」

川村　移住して20年が過ぎて、東京や日本人が客観的に見えると思うんですが、何か変わったと感じますか?

坂本　例えば大島監督が撮った『日本の夜と霧』や『青春残酷物語』などの映画に出てくるような無骨な日本人は、明らかにいなくなってしまいましたね。顔も違うし。僕はどっちかというと、世代的にもあっちに属しているんだけど。

川村　なるほど。

坂本　つまり、風景っていうのは変わっているようで、そんなに変わらないというのかな。むしろ人間の顔のほうが変わりやすいんだなって感じますね。

川村　確かに人間の顔のほうが脱色されていっているのかもしれないですね。坂本さんの世代にはよくいたアート系のロン毛男子も、僕の大学時代はもうほとんど絶滅してました。モテないですから……。

坂本　モテないんだ。

川村　短髪の黒髪の男がモテました。女子がみんなコンサバなんです(笑)。

坂本　困ったもんだ。

川村　でも、20代の男子にモテることを無視して生きろっていうのも難しい話で……。

坂本　モテといえば、『千のナイフ』をつくって、毎日のように遊びに行っていたカフェバーみたいなところに完成した盤を持っていってかけてもらったら、「お前、これじゃモテないよ」って言われたことがありました。

川村　そんなところにまで「モテの壁」が（笑）！

坂本　はい（笑）。だって、自分の中ではそれまでそんなコンセプトがなくて、「みんな、モテたいから音楽やってんの？」と聞いたら、「当たり前だ」って。衝撃でした。それからしばらく、「モテ」を意識してつくるようになってしまいました。

「日本語の壁」をどう乗り越えて世界に行くのか

川村　以前に何かのインタビューで、坂本さんが「日本だけで100万枚売れるより、10カ国で10万枚売れるほうが、ものづくりとしては健全だ」とおっしゃっていて、なるほどと思いました。ただ、日本人が本気でそこを目指そうと思ったら、やはり日本語を外さなければいけないんですかね……。最近、世界における「日本語の壁」を強く感じていて、製作する映画もアニメーションを増やしていってるんです。美術的に遊べたり、外国語に吹き替えることができるからなんですが。

坂本　日本語の壁は確実にありますね。ただ、2013年のヴェネツィア国際映画祭で観たキム・ギドク監督の映画は、台詞がほとんどなかったけど、すごく面白かったですよ。それに、韓国人は英語もよくできますよね。日本は中途半端に人口も多いし、国土もあって、ドメスティックな産業で成り立っちゃうところがある。でも、韓国は人口が少なくて国内だけではやっていけないという意味で、たくましさがあると思います。

川村 外に出ていかざるを得ないと。

坂本 ＹＭＯが世界である程度受け入れられたのも、音楽がインスト中心だったというのが大きいと思うんです。メッセージで聴かせるってことでもないし、言葉は飾りみたいなもんというか。

川村 言語を超えた、音の気持ちよさということですよね。

ライバルを亡き偉人たちに設定する

川村 坂本さんは今現在、ライバルはいらっしゃるんでしょうか？

坂本 音楽も映画も、ほとんどは亡くなられた偉人たちとの対話でしょう。到達できないような人がたくさんいるので、「下を見ちゃいかん」というのが僕の戒《いまし》めなんです。日本では昔から「上ばっかり見ちゃいけません」と言いますけど、ものづくりに関していうと、下を見て満足していたら、そいつは終わりですよ。

川村　過去の偉人との対話ということでいうと、僕は音楽家の伝記映画が好きなんです。『アマデウス』とか。

坂本　あの映画はよくできていましたね。パトロンのために音楽を書く時代に生きたモーツァルトが、最後の3つの交響曲だけは自分のために書いた。当時としては相当新しいことをして、自らコンサートをオーガナイズしたけど人が集まんなくて大失敗した。それで落ちぶれちゃって、借金をして、遺作になった『レクイエム』を書きながら死神の姿が見えるわけだけど、映画としてはちょっとやりすぎなくらい、効果的に曲を使ってましたよね。

川村　ちなみに、日本人でそういう映画になる音楽家って、僕は坂本龍一しかいないと思うんです。

坂本　そうかな（笑）。

川村　音楽家の映画が素晴らしいのは、書いてきた曲をかければ台詞がいらないこと。ミュージカルになるんですよね。

坂本　曲が語るからね。

川村　あと坂本さんは顔がすごくいいんです。レイ・チャールズなどもそうでしたが、映画にするべき人の顔ってあるんですよ。ということで坂本さん、僕に伝記映画をつくらせていただけないでしょうか……。

坂本　自由にやってください（笑）。

川村　ありがとうございます！　でも、素晴らしい映画にするには、ここからラストに向けてモーツァルトくらいドラマチックな状況で名曲を書いていただかないと、クライマックスがつくれないんですが……。

坂本　川村さんから究極の締め切りを設定してもらうしかないですね。でも、予定しておきます（笑）。

（2013年12月　東京・六本木のグランド ハイアット 東京にて）

復習

「オリジナルであるために、過去を勉強する」と坂本龍一は言った。

20代のときＹＭＯで世界を回った。30代のとき『ラストエンペラー』のオファーがきた。ツアーをキャンセルし、1週間で曲を書き上げ、アカデミー賞を受賞した。〝教授〟は世界と闘いながら、ずっと学び続けてきた。オリジナルであるために。

別れ際に、最新のアルバムを手渡された。今までの楽曲をフル・オーケストラで収録したアルバムだった。

電車の中で聴いたとき、鳥肌が立ち、背筋が伸びた。幼少期からずっと聴いてきた音楽だった。けれども、あらためて聴くと、その音楽に圧倒的な格式を感じた。それは〝クラシック音楽〟そのものだった。

積み重なってきた歴史の先端に、坂本龍一の音楽はあった。〝教授〟は、ついに「過去の偉人たちとの対峙」を始めていた。モーツァルトやドビュッシーを相手に学び、そして闘っていたのだ。

いつの日か、僕が坂本龍一の伝記映画をつくるとしたら、そのラストはモーツァルトの『レクイエム』を超える珠玉の名曲で終わりたい。

そして過去の偉人との闘いを続けている限り、坂本龍一はきっと、『レクイエム』を超える曲を生み出すに違いない。そう信じている。

あとがき

対談から数ヵ月後、山田洋次監督から電話があった。
構想を語っていた「世代間交流ができる映画サロン」を本当に実現させたという。

それ以来、2ヵ月に一度。
山田洋次監督、大林宣彦監督をはじめとした映画人が渋谷に集まる。
どこまでも有言実行の巨匠は、そこでも若手監督への質問攻めを繰り返している。
まだまだ学びたい。働きたい。上手くなりたい。そんな熱意にあふれている。

一年間。僕は12人に訊ね続けた。
「僕と同じ年の頃、何をしていましたか?」

誰一人として、昔話を自慢げに語るようなことはなかった。
今まで、どんな仕事をしてきたか。これから、どんな仕事をしたいのか。
必ず最後は「未来」の話になった。その姿勢こそが、彼らを特別な存在にしていた。

なぜ仕事を続けるのか？

それはきっと彼らが知っているからだ。

人生を楽しくするのは「仕事。」だということを。


ただ、同時に思った。

もはや時代が違うのかもしれない。

今や、ありとあらゆる分野が開拓されてしまった。

勝ち負けはもう、はっきりとしている。

自分が変わることも、世界を変えることも難しい。


そんなとき、ふと思い出した。

「あきらめたらそこで試合終了だよ」

『スラムダンク』69話。

試合終了直前。勝ちをあきらめかけた三井寿に安西先生は言った。


一年間。

僕が12人に訊ね続けたことが、もう一つあった。

「仕事で悩んだとき、辛いとき、どうやって乗り越えましたか?」

真似ることで学ぶ、素人であり続ける、自分の原体験に向き合う、無理をしてでもやる、間違うことをよしとする、自分の目で物を見る、どう生きるかを面白くやる、世界を受容する、集合的無意識にアクセスする、野次馬的にやる、崩落した先に道を見つける、オリジナルであるために学ぶ。

誰もが、自分なりの方法を見つけ、その壁を乗り越えていた。
経験や失敗から自分の信念を導き出して、仕事を「仕事。」にしていたのだ。

その方法は一つではない。
人それぞれなのだ。
答えはどのビジネス書にも書かれていない。
仕事をしながら、自分だけの「仕事。」を見つけるしかないのだ。
僕はそこに、働くことの本当の意味、その厳しさを今さらながら見る思いがした。
「君がやっているのは『仕事。』か?」と毎回突きつけられている気がしていた。

自由なようで不自由な現代。状況は相変わらず厳しい。
なかなかチャンスがこない。身近な人間関係が苦しい。
成功しても、すぐ後に失敗が待っている。

でも僕らは仕事をするしかない。
嘆いていても、悔やんでいても仕方がない。
働きながら答えを見つけ、仕事を「仕事。」にしていくしかない。
あきらめたらそこで試合終了、なのだから。

最後に。

山田洋次さん、沢木耕太郎さん、杉本博司さん、倉本聰さん、
秋元康さん、宮崎駿さん、糸井重里さん、篠山紀信さん、
谷川俊太郎さん、鈴木敏夫さん、横尾忠則さん、坂本龍一さん

本当にありがとうございました。
皆様のおかげで今僕は、ものすごく「仕事。」がしたいです。

あとがきのあとがき

2014年7月、ちょうど「仕事。」の単行本が出る直前だった。坂本龍一さんが中咽頭癌で、しばらくのあいだ治療に専念することが発表された。

そのとき僕は、対談の最後に坂本さんが「予定しておきます」と言ってくれた言葉に応えようと、渾身の企画を用意していた。映画『怒り』の音楽を、お願いしようとしていたのだ。

ニュースを見た後、途方に暮れて丸一日仕事が手につかなかった。これが坂本さんとの初めての仕事になるはずと、勝手に意気込んでいたのだ。なにより体調のことが心配だった。もしかしたら、もうあの音楽が聴けないかもしれないと思うと涙が出てきた。

二日後に「渾身の企画を準備して待っています」とメールを送った。坂本さんから返信はなかった。けれども年明けに手紙が届き、そこには「一緒に映画を作ろう！」と手書きの力強いメッセージが記されていた。

2016年3月、シアトル。映画『怒り』のサウンドトラックのレコーディングの場で、僕は坂本さんと再会した。タクトを振る〝教授〟の姿は戦場に向かう騎士のようだった。生きるために「仕事。」をしている姿そのものだった。

坂本龍一さんは復帰後、映画『レヴェナント』でグラミー賞にノミネートされる。未曾有の復活劇をみせた。

2017年には、宮崎駿監督が引退を撤回。新作を製作することが発表された。

宮崎監督は「仕事。」に登場した12人のなかで唯一現役引退を表明していたが、今はスタジオジブリで毎日絵を描いていると聞く。何よりも嬉しいニュースだ。

みながまだ現役、最前線を走っている。

沢木耕太郎さんは小説「春に散る」をはじめとして、精力的に新しい挑戦を続けている。今でも時折食事をご一緒して、刺激的な言葉をいただいている。

杉本博司さんは、小田原に〝未来の遺跡〟「小田原文化財団 江之浦測候所」を作り上げた。そのコンセプトの深さと、スケールの大きさには圧倒されるばかりだ。

倉本聰さんは、テレビドラマ『やすらぎの郷』で高齢者をメインキャストに据えて、この時代のテレビのあり方をずばりと提示し、大きな話題を呼んだ。

秋元康さんには、いつも叱られながらも激励される。こんなことをやったらどうだ、と毎回提案されるのだけれど、そのあまりのスピード感になかなか追いつけない。

糸井重里さんにお会いするたびにいただく「言葉」には、どこかずれていた自分の人生を正す〝道しるべ〟のような力があっていつも救われている。

篠山紀信さんとは、映画『怒り』のポスター写真をお願いして「一緒に仕事をする」約束が果たせた。その後も刺激的な仕事をさせていただいている。

今年、東京オペラシティアートギャラリーで開催された谷川俊太郎さんの大規模個展。一つ一つの言葉に心が震えた。今も集合的無意識にアクセスしつづける詩人の次の「言葉」に瞠目している。

鈴木敏夫さんには映画『君の名は。』のヒットを祝してもらい、非常に鋭い映画評をいただいた。なかなか恐ろしい〝野次馬〟である。

横尾忠則さんとは、山田洋次監督とともによく東宝スタジオでお会いする。山田監督は次々と作品を発表し、ポスターを横尾忠則さんが描く。その衰えぬ絵の力を見るたびに圧倒される。

山田洋次監督主催のサロンは、今でも2カ月に一度開かれている。大林宣彦監督、是枝裕和監督、岩井俊二監督、本広克行監督などの先輩から、気鋭の若手まで入れ替わり立ち替わり来ては酒を酌み交わす。ここから新しい才能、新しい企画がいくつも生まれてくることだろう。

写真は2015年8月に東宝スタジオで偶然居合わせた山田洋次監督、横尾忠則さん、坂本龍一さんと撮ったものだ。いや、偶然ではない。仕事をしているから、ここにまた皆が集うのだ。

とにかくみなが「仕事。」をし続けている。

その作品はさらに進化を遂げている。


「仕事。」の文庫化を迎え、改めて読み返しながら4年ぶりに12人の巨匠たちひとりひとりと、また語り合ったような気分になった。

自分はあの頃のような熱意と希望を持って生きているだろうか。

仕事を、「仕事。」にできているのか？　そう問われているようだった。


ただひとつだけ、はっきりしていることがある。

この12人のおかげで、僕はいま仕事がとても楽しい。

理不尽な状況も、予期せぬトラブルも、失敗に対する恐怖もすべて飲み込んで「仕事。」にする力が生まれた気がしている。


この本が広がっていき、ひとりでも多くの「仕事。仲間」が増えることを心から願っている。

2018年9月
川村元気

初出　対談連載「仕事の学校」
（集英社『ＵＯＭＯ』二〇一三年四月号〜二〇一四年三月号）
単行本　二〇一四年九月　集英社刊

編集／構成　岡田有加
写真　江森康之
ブックデザイン　鈴木成一デザイン室

文春文庫

仕《し》事《ごと》。

定価はカバーに
表示してあります

2018年9月10日　第1刷

著　者　川《かわ》村《むら》元《げん》気《き》
発行者　花田朋子
発行所　株式会社 文藝春秋

東京都千代田区紀尾井町 3-23　〒102-8008
TEL　03・3265・1211㈹
文藝春秋ホームページ　http://www.bunshun.co.jp
落丁、乱丁本は、お手数ですが小社製作部宛お送り下さい。送料小社負担でお取替致します。

印刷製本・大日本印刷

Printed in Japan
ISBN978-4-16-791143-0

（　）内は解説者。品切の節はご容赦下さい。

池井戸 潤・櫻沢 健
「半沢直樹」で経済がわかる！
裁量臨店、不渡り、信用格付……経済・金融用語を理解すると驚くほど社会の仕組みがわかる。「半沢直樹」のあの名場面に隠された意味とは!?　半沢ワールドを二度楽しめる本。
い-64-51

内田 樹《たつる》
子どもは判ってくれない
正しい意見を言ったからといって、人は聞いてくれるわけじゃない。大切なのは、「その言葉が聞き手に届いて、そこから何かが始まる」こと。そんな大人の対話法と思考を伝授！　（橋本 治）
う-19-1

大前研一
私はこうして発想する
世界的経営コンサルタントとして、常に独創的なビジネスアイデアを生み出し続けてきた大前研一が、誰もが知りたい〝大前流発想のメソッド〟を余すところなく伝授する！　（伊藤泰史）
お-35-2

佐藤 優
交渉術
酒、性欲、カネ、地位――人間の欲望を分析し、交渉の技法を磨け。インテリジェンスのプロが明かす外交回顧録にして、ビジネスマンの実用書。「東日本大震災と交渉術」を増補。
さ-52-2

佐々木 亮
不動産裏物語
プロが明かすカモにならない鉄則
買うべきか、買わざるべきか。「不動産は一生に一度の買い物」と信じる人ほどバカを見る。凄腕営業マンが明かす、絶対に損をしないためのテクニックとディープな業界裏話が満載。
さ-65-1

ちきりん
未来の働き方を考えよう
人生は二回、生きられる
先の見えない定年延長が囁かれる中ホントに20代で選んだ仕事を70代まで続けるの？　月間200万ＰＶを誇る人気ブロガーが説く「人生を2回生きる」働き方。　（柳川範之）
ち-7-1

丹羽宇一郎
人は仕事で磨かれる
清廉・異能・決断力……四千億円の不良資産を一括処理、翌年には伊藤忠商事史上最高益（当時）を計上して世間を瞠目させた経営トップが、その経営理念のすべてをここに明かした！
に-15-2

丹羽宇一郎
中国で考えた２０５０年の日本と中国
北京烈日　決定版
習近平独裁体制が確立され、二〇四九年の建国百年に向け、政治経済両面で着々と布石を打つ中国。少子高齢化社会を迎える日本はいかに隣国と向き合うべきか。元中国大使の直言。
に-15-5

羽生善治
羽生善治　闘う頭脳
ビジネスに役立つ発想のヒントが満載！　棋士生活30年を越え、常にトップを走り続ける天才の卓越した思考力、持続力、発想力はどこから湧き出るのか。自身の言葉で明らかにする。
は-50-1

藤沢武夫
経営に終わりはない
戦後、町工場から世界的優良企業へと飛躍した本田技研。本田宗一郎との二人三脚で「ホンダ」を育てあげた名経営者・藤沢武夫が初めて明かす自らの半生と経営理念。ビジネスマンの必読書。
ふ-15-1

水野敬也
「美女と野獣」の野獣になる方法
百七十万部ベストセラー『夢をかなえるゾウ』の著者が体験から生み出した「必ず女性にもてる恋愛理論満載の実践書」。クリスマスを彼女と過ごす必勝法を伝授する袋とじ付録付き！
み-35-2

荒井千暁《ちあき》
こんな上司が部下を追いつめる
産業医のファイルから
激増しているビジネスマンの過労死・過労自殺。その元凶は、仕事の能率を下げ、雰囲気を悪くする上司だ。現役の産業医が指摘する職場環境を悪化させる上司の姿とは？　（渋井哲也）
経-2-1

英『エコノミスト』編集部（東江一紀・峯村利哉　訳）
２０５０年の世界
英『エコノミスト』誌は予測する
バブルは再来するか、エイズは克服できるか、ＳＮＳの爆発的な発展の行方は……グローバルエリート必読の「エコノミスト」誌が、20のジャンルで人類の未来を予測！　（船橋洋一）
エ-9-1

シーナ・アイエンガー（櫻井祐子　訳）
選択の科学
コロンビア大学ビジネススクール特別講義
社長は平社員よりなぜ長生きなのか。その秘密は自己裁量権にあった。二十年以上の実験と研究で選択の力を証明。ＮＨＫ白熱教室で話題になった盲目の女性教授の研究。　（養老孟司）
S-13-1